参加

―耳が聞こえないということ―

平川 美穂子 著

はじめに

私（筆者）は耳が聞こえません。

両耳ともにほとんど聴力がないので会話を聞き取ることはできません。また、自分の声を自分で聞くことができないので、聞こえる人が聞くとわかりにくい発音になります。相手の話を聞く代わりに手話や読唇、筆談などの手段でコミュニケーションをしています。

聞こえないというのはどういうことなのか。そして、この社会でどのように生活し、聞こえる人たちとどのように関わっていけばよいのかという、私なりにずっと取り組んできた課題について、メッセージを送りたいと思います。

このメッセージを1冊の本にまとめるにあたって「参加」という2文字のタイトルをつけました。耳が聞こえないということは、私という人間のひとつの小さな一部ですし、聞こえないことから生じてくる悩みも、生きていくことのひとつの属性に過ぎません。しかし、そのひとつに過ぎないはずの属性が、大きなウェイトを占めてしまうからこそ「障害」になります。大きなウェイト、それは、社会で生きていく上での障壁の大きさを意味します。

私という存在は、地球に住む70億人を超える人間の一人という小さな存在に過ぎませんが、私が参加させていただいている集団の一つひとつを思い、私自身の幸せと、集団に一緒にいる人たち一人ひとりの幸せのために、障壁が取り払われること、少しでも小さくなっていくことを願います。

この本を手に取ってくださった方は、聴覚障害者と何らかの関わりを持っている方が多いと思います。

聴覚障害児教育の場、地域の学校、職場の同僚や上司、聴覚障害者向けのＩＴ技術開発者、社会の最小単位である家族、家庭生活の代わりとなる施設など様々なところに、健聴者と聴覚障害者とが一緒にいる集団があります。ただ一緒にいるだけでは、「ともに生きる」ということにはなりません。コミュニケーションが成立しなければ、聴覚障害者はその集団に「参加」することができません。一人ひとりがいろいろな立場はあっても同等に「参加」できていることが「ともに生きる」ことの出発点になります。

２００６年に国際連盟で「障害者の権利に関する条約」（障害者権利条約）が採択されました。さらに日本国内では、障害者に関する関連法規の見直しと整備が進められています。これらの条約や関連法規は、教育や社会、行政機関等、企業や各種団体、そして個人をカバーし、障害者が社会で平等に生きていくための支援や合理的配慮について規定していますが、実際の運用については、障害者福祉のあり方がこの数十年の間に大きく進歩している部分もあり、これから試行錯誤して見直していく部分もあります。

第１章では、聞こえないということの概要をまとめてみました。

第2章では、私が受けてきた教育を振り返って、聞こえない子どもが伸び伸びと成長していくためにどのような配慮が望まれるかを考えました。私は純粋口話法教育を受けてきましたが、日本語も手話もどちらも私にとっては大切なものです。

また、手話法と口話法はいずれの立場もろう者の幸せを強く願う気持ちを土台にしているにも関わらず、論争と対立を生み、ろう者の人生に大きな影響を与えてきたと思います。どんな形であっても、ひとつのコミュニケーション手段を、そしてひとつの言語を否定することがあってはいけないということを強く申し上げたいという思いでいます。

第3章では、仕事をしてきた経験から、聴覚障害者が職場に参加することの困難さを振り返りました。聴覚障害者と一緒に仕事をしている方々に理解を深めていただき、これから企業等に就職して仕事をしていこうという聴覚障害者に参考にしていただくことで、ともに仕事をし、ともに生きることの実現に少しでも繋がっていくことを願います。

第4章では、ICT（Information and Communication Technology「情報通信技術」）の発展によって、ときに、全く予想もしなかった技術が生み出され、夢としか思っていなかった願望を現実のものにしてくれること、そしてこれからのICTがどうなっていくか期待を込めています。耳の聞こえない私たちにとって、ICTに望むことといえば、だれとでも自由にコミュニケーションができ、社会参加の可能性が広がるということ、聞こえる人たちが得ているのと同等の情報がリアルタイムに得られること、そして、私たちがどのように生きていくか、その選択肢が広がることです。

第5章では、ライフサイクルの終わりに目を留めて、いずれやってくる人生の終わりに、ろう者ならではのコミュニケーションの課題を考えてみました。「介護」という言葉が日々メディアを埋めるこの頃、老々介護という言葉がよく聞かれます。ろう者が老いた両親や配偶者を介護することもあります。ろうろう、という読みに引っかけて、老聾コミュニケーションというタイトルをつけました。

同じ聴覚障害のある者でもそれぞれの思いがあり考えがあり、一人ひとりが違います。ですから、私のささやかな本が聴覚障害者の意見や主張を代表するものとは思いません。ひとつの考え方として、参考にしていただければ幸いです。

目次

第2章　教育と合理的配慮

第4章 ICTへの期待

第1章

聞こえないということ

聞こえない (a)

聞こえない (b)

意味（～ということ）

第1章 聞こえないということ

1　聞こえないとは何か

1-1　会話を読む

おはし、おかし

この2つの言葉を、口を動かして発音してみてください。

そして次に、声を出さないで口だけを動かしてみてください。この2つの言葉は、口の形が全く同じだということに気づかれているでしょうか？　口の形だけでは、どちらなのか区別がつかないでしょう。

私は、手話を知らない人と話をするときは、くちびるの形を手掛かりにして相手の話を読み取っています。くちびるの形から話を読むことを「読唇」といいます。くちびるの形は「口形」といいます。

読唇ができるというと、多くの方は感心したように「すごいですね」と言ってくれるのですが、実際には、読唇で１００%会話が読み取れるわけではありません。くちびるの動きのパターン、つまり口形パターンからひとつの単語を読み取れることの方が少なく、多くは、そのパターンをつくる可能性のあるいくつもの単語から、その場の状況や話の流れを手掛かりに頭の中で忙しく類推して判断しています。

「おはし」と「おかし」の例でいうと、「お」と同じ口形には「を、ほ」があります。「こ、ご」も「お」と似ています。「は」と「か」も同じような口の形になります。こうしたパターンでグループ分けすると、次のようになります。

お→お、こ、ほ、を、ご
は→あ、か、は、や、が
し→い、き、し、ち、に、ひ、り、ぎ、じ、ぢ

それぞれのグループを記号で置き換えてみます。

「お」のグループ→○
「は」のグループ→◯
「し」のグループ→▯

「おはし」をそれぞれの記号に置き換えて「○◯▯」と表してみます。この口形パターンで作られる組み合わせは、５×５×10＝250通りになります。この組み合わせで意味を持つ単語はどれだけあるでしょうか。おはし、おかし、おはぎ、おかき、ごかい、こやし、おやき、おやじ、まだまだあるかも知れません。

「○◯▯」

とだけ、いきなり話しかけられたら、何と言われたのか、すぐにはわかりません。一瞬のうちに、

これらの単語を想起して、類推し、判断するという過程が脳の中を巡ります。そのため、すぐに返事できないことや、とんちんかんな反応をしてしまうこともよくあります。

　ある日曜日の朝、ゆっくり起きて顔を洗っているときに、うしろから肩をポンとたたかれて振り向く。まだちょっと眠い目に、旦那さんが「○○□」とだけ口を動かすのが見える。

「…なに、もう一回言って」

「○○□」

「おはし？」

「○○□だよ」

「おかし？」

「○○□！」

「ちょっと、それ口だけじゃなくて、手話使ってよ」

「もういい！」

と旦那さんはめんどくさそうな顔をして慌てたように去っていく。「おはし」かいな？　いつも使っているお箸はどこかと聞きたかったのかな。それともお菓子買ってきてほしいとか？　でもなんであんなに慌てていたのだろう？

　あれこれ想像を巡らせながら、眠気の残る目

をこすり、大あくびして廊下に出ると、そこに義父がニコニコして立っているではありませんか。びっくりして、あくびも途中で引っ込んでしまいます。え、なんでお義父さんがいるの。

あ、「◯◯▯」は「おやじ」だったんだ！と気がついても後の祭り。起き抜けのパジャマ姿をしっかり見られてしまいましたよ。

手話でひとこと、頬を指さして親指を立ててくれれば、「父」ということがわかって、「おやじ」に結びつくのに。いやせめて、親指を立てて「男」を示してくれるだけでもわかる。そしたらとりあえず、リビングに行ってもらって、急いで身なりを整えて、気持ちよくもてなしてあげられるじゃないですか。

「父」の手話を使えば、すぐ伝わります

このように、口形だけで区別しにくいパターンはたくさんあります。

例えば、「はなし（話）」という単語の口形パターンを見てみましょう。「は」はさっきの「おはし」の「は」と同じく「◯」のグループです。「な」は、「さ、た、な、ざ、だ」でひとつのグループになります。「⊖」という記号で表現してみましょう。「し」は「▯」ですね。

「◯⊖▯」

このパターンから、どれだけの単語を想起できるでしょうか。

「◯」→あ、か、は、や、が

「⊖」→さ、た、な、ざ、だ
「▯」→い、き、し、ち、に、ひ、り、ぎ、じ、ぢ
5×5×10＝250通りですね。意味を持つ単語は多くはないものの、朝日、あさり、あたい（値）、かたい、かたき、家内、かなり、はたき、はだし、はたち（20歳）、話、歯無し、鼻血、まだまだありそうです。

ほかに、口形の区別がつきにくい例として、「たばこ」と「たまご」があげられます。「ば」と同じ口形パターンは、「ま、ば、ぱ」の3つからなるグループです。記号は、くちびるを閉じているところにひとつ、口を開けたところにひとつ使って、「◯̄」としてみましょうか。「た」は先ほどの「な」と同じく「⊖」。「ご」は「おはし」の「お」と同じ「⬯」です。

「⊖◯̄⬯」

この口形パターンは、5×3×5＝75通りでだいぶ少なくなります。だいたい「タバコ」か「タマゴ」に絞られそうですね。ほかにこの口形パターンに合う言葉を引っ張り出してみると「ナマコ」とか「ダバオ」などもあります。「ダバオ」はフィリピンの都市の名前です。

ヘビースモーカーの旦那さんから「⊖◯̄⬯買ってきて」と言われれば「タバコ」かなと判断はできます。お母さんが晩御飯の支度をしながら、「そこのスーパーに⊖◯̄⬯を買いに行ってくれる?」と聞けば、「タマゴ」で間違いないでしょう。お父さんが晩酌になまこの酢の物をつまむのが好きなようなら、「タマゴ」か「ナマコ」か聞き返して確認したりしますね。状況や経験などの中から類推するわけです。

出勤前のあわただしい朝の風景を思い浮かべてみます。いつものように旦那さんが急いで朝食のテーブルにつき、生タマゴをほかほかのご飯の上で割りながら、ふと言いました。

「俺、これから⊖〇〇やめるわ」

「あ、そぉ」と奥さん。

旦那さんを見送りながら、奥さんは考えを巡らせます。⊖〇〇ね、タマゴと言ったんだよね。なんでやめるのかな？　そういえば、昨日の健康診断の結果で「コレステロールが高いので気をつけるように」と言われたと言っていたっけ。タマゴは当分がまんしてコレステロールを下げるよう努力するのかな。健康に気をつけるのはいいことだけどね。

しかし、スーパーの特売でタマゴを20個買ってきちゃったな。どうしようかな。プリンをたくさん作って、実家に分けてもいいか。

さてその日の夕食から、旦那さんの食卓にタマゴは出てきません。でも、奥さんはタマゴ料理が好きなので、自分のお皿の上には小さなオムレツや目玉焼きを乗せています。翌日の朝食にもタマゴは出てきません。２、３日して、旦那さんが不満げに言います。

「なんで俺には⊖〇〇がないの」

えっ？と旦那さんを見る奥さん。

「タマゴやめるって言っていたでしょ」

「ちが〜う。⊖―◯⬯だ」

旦那さんは大仰な身振りでタバコを吸うしぐさをして見せます。その瞬間、奥さんの頭の中で、⊖―◯⬯はタバコになりました。

「タバコだ、タバコ！　普通、タマゴをやめると言わないだろう！」

「そりゃそうだけど。あなたタマゴ食べていたじゃない。タマゴ食べながら言わないでよねっ」

口形をグルーピングして記号で表してみましたが、話し手によってはもっと細かくグルーピングすることもできなくはありません。
「▯」→い、き、し、ち、に、ひ、り、ぎ、じ、ぢ
この場合は、「い、き、し、ひ、り、ぎ」と「ち、に、じ、ぢ」を別のグループにすることもできます。はっきり発音する人なら、「ち、に、じ、ぢ」のグループで、上下の歯の間に舌の先が挟まることを確認できるので、⊟で表してみます。
「◯⊖▯」はなし
「◯⊖⊟」はたち
これなら区別ができますが、一対一の会話で、ゆっくりはっきり意識して話してくれる場合に限ります。
相手によって、読唇だけで9割ほどわかる人もいます。しかし残りの1割に大事な内容が含まれているかも知れません。文章の終わりに「▯◯▯」と言われたとき、「したい」なのか「しない」なのか。意味が正反対になってしまいます。
このように、くちびるの形を読んで会話をするには、不確実さ、あいまいさがつきまといます。

読唇が上手だと言われるろう者でも、前後の文脈なしに、いきなりポンと単語をひとつ言われたら、口形の同じ単語でどの単語か判断するのはむずかしいでしょう。聞こえる人同士が普通に会話しているときのくちびるは小さくてあやふやな動きになってしまい、はっきりしたパターンを拾えないぐらいなのに、なめらかな発音ではっきり話せるのが不思議です。いつも私は、相手の会話を読みながら、例えば「タバコ」か「タマゴ」を判断するために、その場の状況、相手のこれまでの会話内容、文脈などに思いを巡らせて、いちばん正しいと思われる解釈にたどり着こうとしています。しかし、常に正しい解釈ができるわけではありません。

「タバコ」だと判断して会話を進めるうちに、「あれ、なんかおかしいぞ。タマゴか、もしかするとナマコか？」と途中で判断をし直すときもあります。急いで判断をやり直しても、会話が先に進んでしまうと前後がわからなくなってしまい、再度聞き返して会話をやり直さなければならなくなります。

1-2　声をつくる

自分の声はどんな声なのだろう。

補聴器を通して聞く自分の声は聞こえる人たちの声とどこか違うということは何となくわかります。どう違うのか表現するのはむずかしいのですが、聞こえる人たちの声は、声帯を自在にコントロールして声を自在に変化でき、笛を自由に鳴らしているようなもの。

私の声は、粘土を小さな穴から無理やり押し出して伸ばすようなイメージ。「絞り出すような声」というのが合っているのかも知れません。つまり本来の声を出すことができていないのですね。そして、舌の動きやくちびるの形などを意識して、何とか自分の声に言葉の発音として体裁をつけています。

耳が聞こえないために、特に生まれつきの場合や乳児期に聴力を失った場合など、自分で自分の声や発音を聞くことができませんので、人には聞きにくい発音になってしまいます。自分で自分の声を聞いて正しい発音に調整していくという過程、これをフィードバックといいます。

聞こえる子どもは、常にフィードバックをしながら話すことを身につけていきますが、聞こえない場合は、そのフィードバックが十分に働かなかったり、まったくできなかったりします。発話の力が十分に身についてから聴力を失った場合は、フィードバックができなくなりますので、個人差はありますが、年月を経るうちに多少発音が聞きにくくなることもあるようです。

私の場合、自分では「か行」と「が行」、「ざ」行と「だ」行の区別など、ほとんどできていません。濁音は、鼻に若干声を通すような感じという程度です。「あ」と「え」の区別、「う」と「お」の区別もはっきりしていないと言われます。

大学の友人に数年ぶりに会ったときのことですが、電車の中でばったり会って、お互いに声をあげて再会を喜びました。彼の奥さんも同じ大学の手話サークルの仲間で、卒業後2人はめでたく結婚。学生時代に2人がいつも仲良く一緒にいたことが思い出されます。

彼「変わらないね。元気だった？」

私「うん、元気元気。奥さんはお元気？」

彼「はい、4人いますよ」

えっ、思わず目をみはる私。一瞬の沈黙。彼は片手で4を示して一本ずつ指しながら

彼「1人目が女の子で、2人目、3人目は男で」

私「あっ、子どもさん？　あの、奥さん、結婚した相手ね」

彼「あー。奥さんって言ったのね。お子さんかと思った」

と、大笑いしました。

もっと口を大きく動かしてはっきり話すことを意識しようとすると、気恥ずかしかったり、話の先を急ぎたくなったりして、舌がもつれてしまいます。

特に「ら行」が続くときは発音しにくくなります。家族が具合の悪いときに、おかゆを作ってあげて「食べられる？」と聞くとき、この「られる」がうまく言えません。手話ですと、「食べる」と「大丈夫」の表現で表せるので便利です。

「か行」や「た行」が続くときも、発音しにくくなります。「ハタタテハゼ」はダイビングが好きな人に人気の魚の名前ですが、ハタテタになったり、ハテタテになったり、言い直しているうちにハテ何が正しかったっけとなって、ダイビング仲間たちの笑いを誘ったことがありました。

相手の口の形を読むとき、同じ単語でも、人によって口を開く大きさやスピード、調音の位置までそれぞれ個性があります。そのために人によって口形が読みやすい人、読みにくい人がいます。そして面白いことに、聞き取る場合にも人によって個性があるようです。私の発音をスムーズに聞き取ってくれる方もいますが、何回言い直しても通じない方もいます。

私が話していて相手が「うんうん」と肯いているときでも、本当に正しく伝わっているのか不安になるときは、簡単な言葉なら手のひらに書くか空書しますが、それでもわからないときはメモ帳と筆記用具に頼ります。

筆談は、書く人は大変、達筆すぎて読めなくて困る、確認しようとすると自分の書いた文字が読めないという笑い話もありますが、今は、スマホに入力したり、タブレットに筆談ツールを入れて活用したりする場面も増えてきました。

1-3　聞こえないことの本質

以前に、ある財団法人が聴覚障害者向けのパソコンセミナーを主催していて、私はその講師を務めていたことがあります。財団法人の窓口担当のKさんと、セミナーの運営に関することはメールで連絡を取り合っていました。Kさんが「聞こえない」ということの本質を言い当てていたことがあります。

その財団では、視覚障害者向けにもパソコンを普及させることに力を入れていて、セミナーや体験コーナーなどを設けていました。Kさんは視覚障害者の窓口も担当しておられました。あるとき、Kさんがしみじみと仰っていました。

「耳の聞こえない人たちとは、もう10年近くもこうして一緒にセミナーを運営していますが、コミュニケーションをとることが本当にむずかしいんだな、と感じています。音が聞こえないということは、何か危険なことがあっても、とっさの判断が遅くなってしまったり、こちらがアクションを起こさないと迷ってしまったりしますね。それに、会話をするのが今でもむずかしい方がたくさんいらっしゃいます。本当に耳が聞こえないということは、とても大変な障害だと思います。」

聞こえないということの性質として、お互いを理解し人間関係を深めていく上でたいへん困難な障害であること、その困難さは、聞こえる側も聞こえない側も双方が感じるということと言えましょう。

Kさんのその話も、私は手話通訳を通して聞いていました。Kさんが、視覚障害の方々と談笑し、打ち解けているのも見ていました。

Kさんとは、一緒に買い物に出かけたり、打ち合わせがてらKさんのお宅にお邪魔したりして、親しくお付き合いさせていただいていますが、本音の部分を言葉にするときは、手話通訳の方が一緒のときを選びます。それは、手話通訳を通せば、お互いの言いたいことが伝わりやすくなるからです。本当は、親しい相手と2人だけで、親密な会話をしたいときもありますから、寂しくなるときもあります。相手とわかり合えたという実感がないのです。

手話通訳の方がいることによって、2人の距離感が広がるというジレンマを感じることがよくあります。

2　聞こえなくなって

2-1　聞こえなくなったとき

昭和の半ばごろに、私は東京都で生まれました。両親は沖縄県の出身です。2歳上の兄がいます。予定日より1か月以上も早く生まれて体は小さかったものの、大事にされて順調に育っていました。

父は都内の出版社に勤めていて、帰りはほとんど夜中過ぎから明け方でした。家事や育児は母に任せきりだったといいます。ある夜、いつものように午前様で帰宅したところ、母が起きていて、泣きながら「赤ちゃんの熱が下がらない、助からないかも知れない、どうしよう」と訴えてきました。

父は急いで近所の開業医を呼びに行き、往診してもらいました。熱があまりにも高く開業医の手に負えなかったため、タクシーを呼び、兄を起こして病院に急ぎました。

急きょ入院したその病院で治療を受けたとき、熱を下げるための注射を打たれたそうです。このときの注射が、聴力が失われた原因のひとつかも知れません。あるいは体質的なこともあるかも知れませんし、先天的なものかも知れません。聞こえない原因は様々あるので、正確なところはよくわかりません。

高熱が治まり、なんとか生命は助かりました。両親はほっとひと安心。ほどなく回復して、元気に成長していますが、やがて何となくおかしいということに気がつきます。いつまでも話し言葉が出てこないということに。

生活面では、家族のすることを真似て、お膳を並べたりお庭のスコップを片付けたり、お客様が見えたらヨイショと座布団を引きずってきてお客様の顔をほころばせる。それなりに発達しているようではありますが、話をしない。2つ上のお兄ちゃんが早くから意味のわからない言葉を盛んにしゃべっていたのとあまりにも対照的なので、心配になった両親は、3つになった私を連れて病院をまわります。知的障害があるというところもあれば、自閉症という医者もいました。それでも納得できず、人づてに良い病院があると聞いては診てもらいにいくということを繰り返していました。

そうして、耳が聞こえていないという診断にたどり着き、途方にくれた母は、私を抱きかかえて病院でもバスの中でもスーパーでもところ構わず涙がぽろぽろ流れていたと語ります。

高熱を下げたときの注射について、抗生物質で「ストレプトマイシン」という薬剤があり、多くの感染症の治療に使われていますが、聴覚神経に作用して難聴を引き起こすことでも知られています。古くは結核の治療に使われていたことも多く、その副作用で聴力を失った女流作家が『ストマイつんぼ』（大原富枝（１９５７）角川書店）という小説を発表したことがあります（※差別的な表現にあたるといわれますが、本のタイトルになっており、当時の社会情勢を忠実に伝えるためにあえて記しています）。

2-2　音が聞こえる仕組み

(1)　聴力の測定

耳がまったく聞こえないのか、少しは聞こえるのか。聞こえの程度を測定するために、「オージオメーター」という装置が使われます。防音室に入って、レシーバーを耳にあてて片耳ずつ音を聞かせていきます。低音域から高音域（周波数）、小さい音から大きい音と変えて、２回ずつ音が出力されるのが聞こえたときに、手に持ったボタンを押します。

こうして得られた聴力のデータを数字で表すには「dB（デシベル）」という単位を使います。算出式はいくつかありますが、いちばんよく使われるのは、「4分法」といわれる式で、音声会話の周波数に重点をおいた計算法です。

(500Hz＋1000Hz×2＋2000Hz)　÷4

日常生活でよく聞く音の周波数帯域を考慮して、５００Hz、１０００Hz、２０００Hzのときの聴力をもとに算出します。デシベルの数値が大きくなればなるほど障害の程度が重くなります。

2級	両耳の聴力レベルがそれぞれ100デシベル以上のもの（両耳全ろう）
3級	両耳の聴力レベルが90デシベル以上のもの（耳介に接しなければ大声語を理解し得ないもの）
4級	1．両耳の聴力レベルが80デシベル以上のもの（耳介に接しなければ話声語を理解し得ないもの） 2．両耳による普通話声の最良の語音明瞭度が50％以下のもの
6級	1．両耳の聴力レベルが70デシベル以上のもの（40cm以上の距離で発声された会話語を理解し得ないもの） 2．一側耳の聴力レベルが90デシベル以上、他側耳の聴力レベルが50デシベル以上のもの

「身体障害者福祉法施行規則別表第5号」の「身体障害者障害程度等級表」より一部抜粋

デシベルでは「どのぐらい聞こえないか」を示すことはできても「どう聞こえないのか」を表すことはできません。

私の聴力は、両耳とも100デシベル以上あり、会話を聞き取ることはまったくできません。補聴器を装着すれば、声は聞こえますが、言葉として理解することはできません。

(2)　音を聞く仕組み

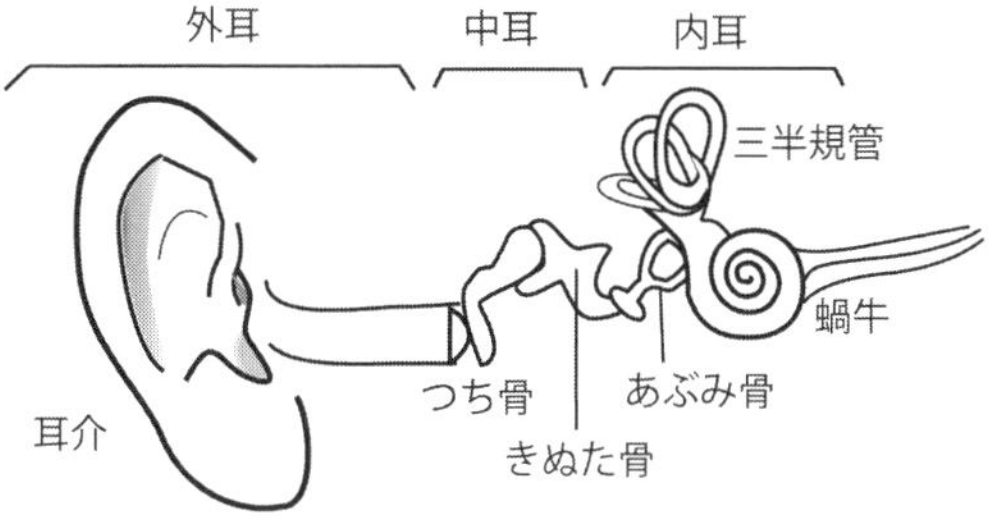

人間が音を聞く仕組みについて少しお話しします。詳しいことは、聴覚障害関連の書物や医学専門書などを見ればわかるので、ここでは簡単にまとめます。

音はもちろん耳から入ってくるわけですが、その仕組みは、外耳・中耳・内耳に分けられます。

世の中は音に満ちていて、誰かが声を出した、ものを落とした、電車が走った、ものを食べた、犬が吠えた、風が木々の葉を揺らした、等々あらゆる場面において、「音」が発生します。

音とは、空気の振動です。ものの動きによって、空気が様々な振動の仕方をします。振動が耳介から耳道に入っていって鼓膜を震わせます。鼓膜までが外耳です。

鼓膜には、3つの小さな骨が組み合わさって密着しています。3つの小さな骨、耳小骨といいますが、それぞれ、つち骨、きぬた骨、あぶみ骨という名前を持っています。この耳小骨が鼓膜の振動を受けて、蝸牛に伝えます。耳小骨までが中耳です。

つち骨は、その形が槌に似ているから。きぬた骨もその形が「砧」という、昔、布や紙をたたいて柔らかくするときに使った台に似ているんだそうです。「つち」と「きぬた」でワンセットになっているところが面白いですね。あぶみ骨は、馬にまたがるときに足をかける「あぶみ」の形に似ているので、この名称がつきました。鼓膜から伝わってきた振動にあわせて「つち」が「きぬた」を叩き、「あぶみ」が次の器官に伝えるところは、馬の蹄が力強く地面を蹴る動きがイメージできそうです。

耳小骨は、人間の身体を構成する骨の中で最も小さく、その中でもあぶみ骨が最小で、長さ3ミリ前後です。

この先は内耳になります。

バランス感覚をつかさどる三半器官から、カタツムリのような小さな螺旋の形をしている「蝸牛」という器官につながります。蝸牛の内部はリンパ液で満たされており、内側に絨毛と呼ばれる小さな毛が密集しています。耳小骨が伝えてきた鼓膜の震えがリンパ液をゆらし、絨毛を動かします。蝸牛につながっている聴神経がその動きを受け取り、大脳の一次聴覚野に伝えます。

一次聴覚野で分析を行って初めて音として認識されます。経験や知識などに基づいて、その音の正体を知るわけです。大脳の中でも、場所によっ

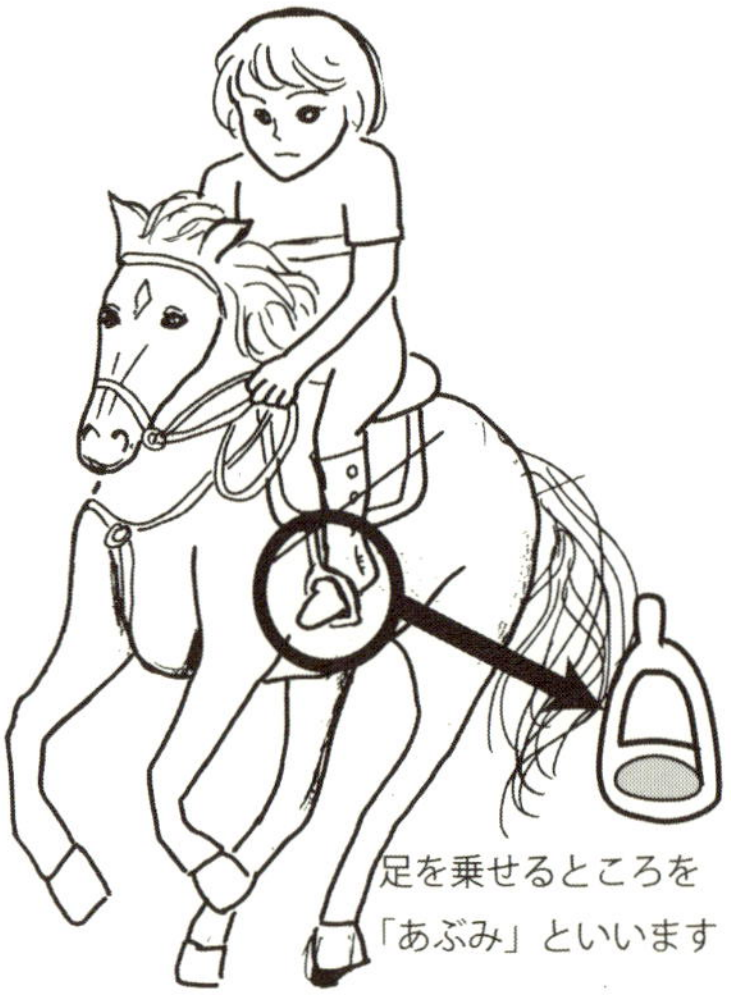
足を乗せるところを
「あぶみ」といいます

きぬた（砧）に乗せた
布や紙をつち（槌）で
打っていました

て何をするか役割が決まっていて、音を聞く「一次聴覚野」は左右の側頭葉にあり、言語を理解する「ウェルニッケ領野」や発話を処理する「ブローカ領野」は左半球にあるといわれています。

このように理解していくと、耳の内部にあるごく小さな器官が、なんと緻密な働きをしているのだろうと、とても不思議に思います。この働きがあるために音声言語が用いられるようになり、くちびるや舌、軟口蓋などを使って「構音」することによって微妙に聞き分けられる多くの単語を作り出しています。さらには、声の高低や鼻を通る息もこうした構音作業に参加して、世界中の多くの言葉、方言、仲間内の合図などが生み出されている。空気の振動を分析し、聞き分ける能力が、言葉を駆使した豊かな精神世界を創り出してきたのだということを思います。

2-3　聞こえるけれどわからない

(1)　ひずむ音

聞こえないということ、みなさんはどのように想像されているのでしょうか。文字通り、いっさいの音が耳に入ってくることのない、静かな世界に生きているというイメージがあるのでしょうか。

私は、聴覚の程度でいえば最重度の部類に入ります。ほとんど何も聞こえませんが、たまには音が耳に入ってくることがあります。

夜も更けて、近くのコンビニに飲み物でも買いに行こうと思い、家を出て歩いているときです。コンビニに行くには、国道を渡って、少し狭い路地を通ります。昼間は車が連なる国道も、夜にはかなりまばらになって、時々大きなトラックが法定速度を守って通っていくぐらいです。ところがほの暗い路地に入ったところで、出し抜けに大きな音が耳に飛び込んで飛び上がりそうなほどにビックリするときがあります。ほとんど同時に、すぐそばをバイクがすり抜けて、ものすごいスピードで走り去っていく。顔を隠したヘルメットが一瞬街灯のあかりを反射したのが見えます。ちょっと、危ないじゃないか。それにしても何という音だろう？　バババババというような、ゴゴゴゴというような。よく漫画で音を擬音化しているので、こういうカタカナ文字だろうというイメージで書いていますが。それとも、ただ、大きな振動が身体に直に響く感じとの区別がはっきりついていないかも知れません。

それから、こんな音の記憶もあります。

まだ小学生か中学生のころ、ラジカセに接続されたスピーカーに耳をくっつけて、ボリュームを少しずつ上げてみたことがあります。あるところで耳に直接、何かが聞こえてきました。話し声には違いない。何を話しているのかはまったくわからないのですが。簡単な単語ぐらい聞きとれないかな？　スピーカーに耳を押し当てて、さらにボリュームを上げてみたところで、「近所迷惑でしょ！」と母の注意が飛んできました。防音室のようなところで試してみればいいのですけれどね。

そうそう、ひっきりなしに聞いている音があります。少し疲れたときとか寝不足が続いたときに、耳の奥でざざざざざ、ざわざわざわと聞こえている、単調で低い音。時には、高く鳴り響いて、細長い三角形がすぼまっていくように消えていく…耳鳴り。これは音とは違うのかも知れませんが、「聞こえる」という感覚はあります。聞こえない人たちの一部は、こうした耳鳴りに悩まされています。私も、耳鳴りを気にし始めるとイライラしたり、仕事に集中できなかったりするので、できるだけ、こういうものだと思って受け止めるようにしています。

(2) 助っ人「補聴器」

聞こえを補うものとして強力な助っ人となるのが、補聴器。

以前は、朝起きればすぐに補聴器をつけ、夜寝るまで外すことはありませんでした。今は耳を休ませることと、補聴器をつけない状況に慣れておくことも考えて、補聴器を装用する時間を短くしています。

私が使っている補聴器は、耳かけ式というもので、昔の勾玉みたいな形に短いチューブがついていて、その先についている耳型（イヤモールド）を耳穴に押し込みます。スイッチを入れれば、いろいろな音が飛び込んできます。これらの音のほとんどは普通の人と同じように聞こえるわけではありませんし、人の声は聞こえても「コトバ」として聞き分けることはできません。

ですが、誰かが話をしているらしいことはわかります。車の音や扉の閉まる音、サイレン、始業終了のベル、パソコンの警告音など、状況判断や危険の回避に役に立ちます。

一方、中途半端に正体不明の音が聞こえてくることでかえって不安になることもあります。ひとりで自宅にいるとき、ほかに誰もいないはずなのにトントンというような音が聞こえてきて誰かが侵入してきたのかとビクッとすることもあります。恐らく外の工事の音か、隣家の人が何かを叩いたのかも知れません。

私が幼稚部にいたころは、補聴器はお弁当箱のような大きさで、胸にバンドでくくりつけていたものでした。

小学校のころには、携帯電話よりひと回り大きいぐらいのサイズになって、補聴器が外から見えないようにポケットなどに装着することができました。

補聴器を小型化するには、マイクとスピーカーが近づいて起こるハウリングの問題がありました。今はハウリングをおさえる技術の進歩によって、小型で高度難聴からろうに対応するようになりました。

最近では耳穴式を使っている人を見かけることが多くなってきました。耳にすっぽりとはまるタイプで、ほとんど目立たないし、メガネをかけるにも邪魔にならなくてよさそうです。補聴器のサイズが小さくなると、軽くて便利なのは良いのですが、うっかりするとすぐに行方不明になってしまうのが悩みどころです。

出かける前に補聴器をつけていこうとすると、いつもの置き場所に補聴器がない。さては上着のポケットに入れたか、ポーチの隅っこに紛れ込んでいるか、トイレの棚にでも置き忘れたか、もう出かける予定の時間も迫っているのに必死で記憶をたどりながら探しまわる羽目になります。

今でもはっきり実感できないのが「音の方向」です。後ろ

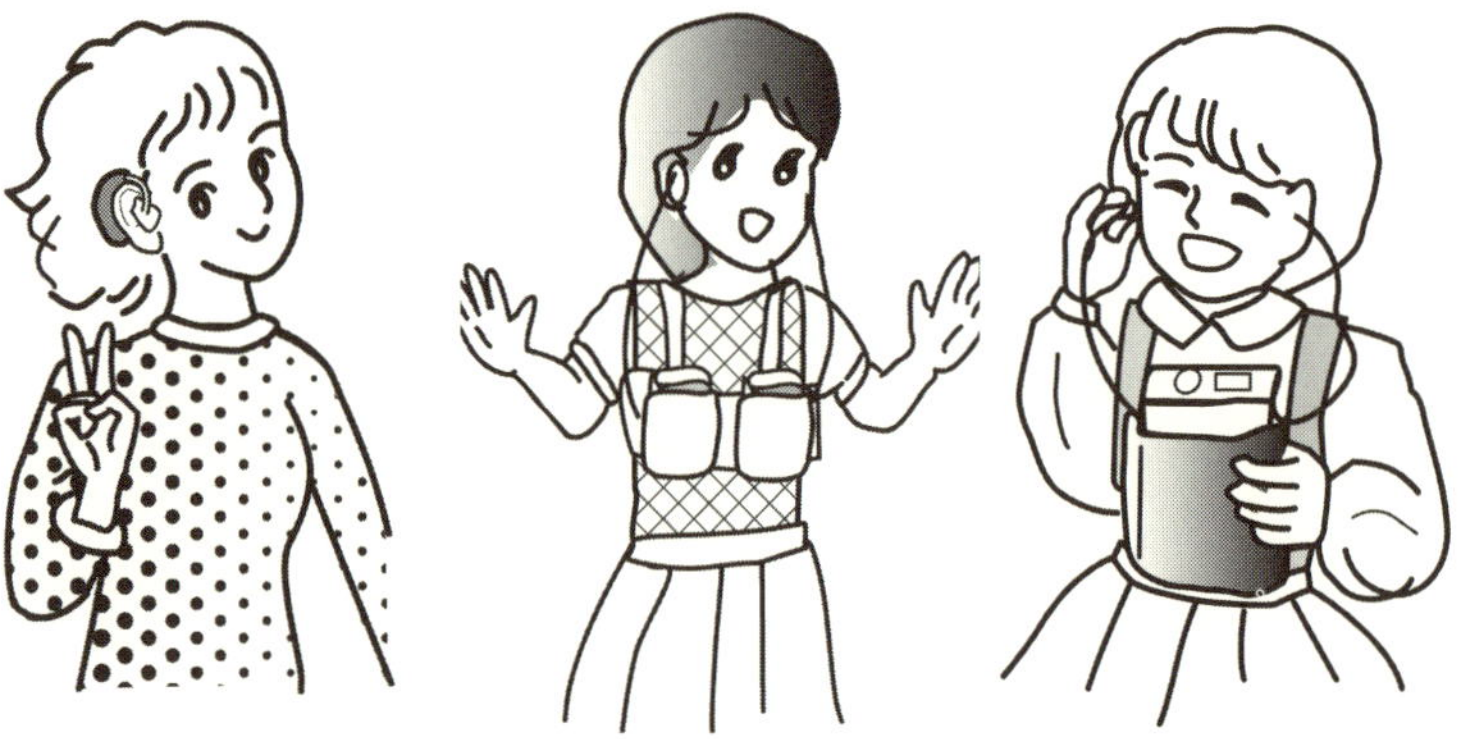

の方から音がしたとか、あの戸棚の中でコップか何かが落ちたみたい、というような表現がありますが、どうやって方向がわかるのでしょうか。

音の方向認知については、顔の両側に耳がついているため、音を聞くとき、左右でわずかな時間差が生じます。また左右で感知する音量にもわずかな差が出てきます。そのわずかな時間差と音量の差から方向を認識できると考えられています。また耳介が反射して耳の奥に伝える周波数の違いから方向を判別できるという説もあり、耳介の大きさや形などの要因が関わっているようです。

ほかにも音の高低、音色、旋律、母音や子音の聞き分けなど、聴覚が繰り広げる世界はなんと変化に満ちたものでしょうか。

3　聞こえないことが障害となるとき

3-1　聴覚障害、難聴、ろう

音が聞こえる仕組みをみてきましたが、この仕組みのどこかに支障が生じることで、聞こえにくくなったり、聞こえてくる音にひずみが生じたりします。この状態を「聴覚障害」といいます。聴覚障害には、その原因となる障害部位から大きく分けて、伝音性難聴と感音性難聴があります。伝音性難聴は、文字通り、音を伝える部分のどこかに故障が起こったもの。具体的には、外耳と中耳の部分になります。鼓膜が破れたり変形したりすれば、音を振動に変えることができません。または耳小骨に奇形があったり欠けていたりすると、振動を内耳までうまく届けることができません。

感音性難聴は、外耳と中耳には特に問題なく、蝸牛から先のどこかに障害が生じたために、内耳まで届いてくる音を感じることが困難になっています。

伝音性難聴と感音性難聴のほかに、脳の一部に損傷が起きることで音の認識ができなくなるケースもあります。脳の言語中枢に何らかの問題が起きれば、言葉の認識に障害が出る失語症になります。精神的な素因によって器質的な問題はないのに音を聞くことができない「精神ろう」などもあります。

また先天性の場合と後天性の場合があり、概ね思春期以降に聴覚を失った場合「中途失聴」といっています。

原因、失聴時期、育った環境、聞こえの程度などによって、ニーズは様々です。

身体障害者手帳の交付を受けることができるのは、70デシベル以上ですが、人間が「聞く」ことに困難さを感じ始めるのは、概ね41デシベル以上だそうです。

私は身体障害者手帳の交付を受けています。「身体障害者手帳」と金文字で書かれた赤い表紙、裏を返すと、発行された場所（都道府県または政令指定都市・中核市の名称）、交付年月日、そして顔写真と一緒に、身体障害者等級表による級別2級という記載があります。手帳を開くと、４つに折り畳まれた紙の中央に、「障害名：聴覚障害」と一言書かれています。「両耳の聴力レベルがそれぞれ１００デシベル以上（「両耳全ろう」）」の定義になります。

聴覚障害のある人が自分のことを言い表すときは、「ろう者」「難聴者」「中途失聴者」のいずれかになります。「難聴」「ろう」は医学的な分類、福祉上の分類によって定義されていますが、「ろう者」と言い表すときは、医学的定義よりも、「手話を第一言語とし、ろうの文化を享受する者」という文化的な意味合いで表すこともあります。

「障がい者」という表記が増えています。

本来は「障碍者」という漢字が使われていたのですね。その「碍」の字が当用漢字（のちに常用漢字）にないということで、「害」の字があてがわれて、「障害者」という表記になりました。

２０００年代に入った頃、「障害」の「害」の字が、「害悪」や「阻害」といった悪いイメージにつながるので好ましくないというような理由で、ひらがな表記に改めようという動きが出てきていました。最初にその表記を見たときの違和感は忘れられません。なぜ、わざわざ障害を「障がい」と書かないといけないのでしょうか。

１９９５年に、「地下鉄サリン事件」が起きて世間を騒がせました。この事件を引き起こした宗教団体は、他にも多数のテロを企てていて、その一つに、未遂に終わりましたが「炭疽菌」を使った生物テロがありました。「疽」の字が常用漢字にないという理由で「炭そ菌」と表記していた記事がありました。「炭そ菌」の表記には違和感があるとか、「炭素菌」と誤解されるなど、ちょっと物議をかもしていたもので、「炭疽菌」の「疽」にルビを付けることで対応していた記事も多かったものです。

「障がい」という表記を見たときに、この「炭そ菌」の一件を思い出しました。

世間では、身体障害者といわれる人に会う機会も少ないし、どれだけ理解できているかも疑問がある。障害者に対してある罪悪感のようなものがあって、それならば、手近に「障害者」を「障がい者」と表記することで、そういった罪悪感を薄めている…といった誤魔化しを感じてしまいます。

ならば「障害者」を「障碍者」に戻したらどうかという意見もありましたが、そもそも、「障がい」という奇妙な表記にしてまで「障害」を否定しなければならない理由がさっぱりわかりません。もし「障がい」が定着してしまえば、将来の世代には「障害者」は差別的な表現という意識が浸透してしまうでしょう。差別的な意図をもって使われていた言葉は多くあると思いますが、あとから差別用語にされてしまった言葉も少なからずあるかも知れないと考えさせられます。

私の手元にある「身体障害者手帳」が「身体障がい者手帳」にならないことを願いたいものです。

3-2　社会の中での障害

(1)　自然界で生き残る

恐竜時代に、弱肉強食の生存競争を生き延びた大型の恐竜ティラノサウルスは、ほかの種に比べて聴力が発達していたという論文があります。聴力によって、いち早く危険を察知することができるし、小動物の動きを聞き分けて獲物を得る上でも有利だったため、大型の恐竜に進化できた可能性があるのだそうです。

音を聞くことができないために、生きていく上でのリスクが高くなります。例えば、夜の暗闇に乗じて獰猛な獣が食を求めて忍び寄ってくるかも知れません。こそりと草を踏んだり木の下のほうに茂る枝に触れたりする気配に気づければ、聞こえる人たちは危険を回避できます。

遠くの雷鳴、風の強さを知らせる木々のざわめき、異変を内包する波の音など、様々な音を、聞こえる人たちは敏感に感じ取って、身に迫る危険を知り、あるいは生活の糧を得るタイミングをうかがい知ることができるでしょう。

自然界は情け容赦もありません。視覚や聴覚が弱ければ、あるいは身体のどこかの自由がきかなければ真っ先に淘汰されます。また年老いて弱ってくれば、すみやかに生きることの舞台を降りることになります。私たちが安全に暮らしていけるのは、また年を重ねても充実した余生や幸せな最期を迎えることができるのは、医療が発達し秩序ある社会に生きているから。

人間の共同体が成長して、自然界で生き残るのがむずかしい存在である私たちが共同体の一員として生きていける社会に育っていく。医学の進歩で障害の原因となる病気が減り、ＩＴ技術の進歩で障害を補うツールが普及し、社会の進歩で障害による不利が軽減されてくる。障害の有無にかかわらず皆が対等になる、安心して人生を終わることができる、みんながそういう高みに目を向けていくことで、人間社会は豊かに円熟していくことでしょう。

(2) ひとりでいれば障害者ではない

私はひとりを楽しむことが好きです。ひとり旅や、ひとりでレストランに入ったり、部屋でゆっくり過ごしたり。人と人との関わりが生まれるときに、耳が聞こえないということが障害として大きく意識されてきます。ひとりになれば、障害を意識しないでリラックスできます。

最初からひとりでいて、自分で感じ、知ることのできる情報すべてを生かし、今日を、そして明日を乗り切っていくのであれば、耳が聞こえなくても、それを障害とは思わないでしょう。

障害というのは、相対的なものだという見方があります。例えば手が2本、足が2本あって、自由にものをつかんだり、歩いたり走ったりできる。それは地球上にいる人類の大半が

そうであるから、不自由とは思いません。

「もしも」の話ですが、背中に翼をもって空を飛べる人のほうが多かったら、2本の手、2本の足しか持たない自分はなんと不自由なのだろうと感じるでしょう。

身体の一部が不自由ということは、今の自分の状態よりももっと自由で便利な状態をもつ人たちがいるという前提があってのことだとも言えます。

人里離れた地に居を構えて、ひとりだけで生活するなら、耳が聞こえないということは、障害でも何でもなくなります。

ずっとひとりでいられたらどんなにいいかと思うこともよくあります。でも社会で生きていくことは、人間集団の中で生きていくということ。人との関わりを避けてひとりになりたいという思いと、社会で人と関わっていくことに喜びを見出していきたいという思いの間で揺れることもあります。

社会で生きていくために、聞こえない人に必要なものは何なのか。一言で言い表すなら、「参加」だと思います。

(3) お互いに理解する

普通に動いて、普通に歩いていれば、耳が聞こえないということはまずわかりません。人と人の間に何らかの形で関わりが生じるときに、聞こえないという要因が表面に出てきます。

私がろう者として過ごしてきた何十年かの間に、初めて顔を合わせて言葉を交わすときの相手の反応がずいぶんと変わってきました。ショップやレストランなどで、私と二言三言会話をして、すぐに「耳が聞こえない」ことを察してくれる人が増えてきました。

以前は、言葉が通じにくいと「この人は外国人だ」という発想をする人が多かったようです。

店で小物を買ったりすると店員さんが何か言う。こういうときはだいたい物の値段を言うだろうと予想します。

「××××円になります」

やっぱり値段を言っているけど、数字の部分が読み取れません。

「え、もう一度お願いします」

なかなか好青年の店員さん、えっという表情をして私をちらりと見ます。そして、彼の顔にさっと緊張が走り、えーっと一瞬考えてから、指で拍子をとるようにしつつ

「スリー、サウザンド、ワン・ハンドレット……」

よけいわからないんですけど。

今はレジでバーコードを読ませて、値段を表示してくれるので、こういうシチュエーションは少なくなりました。

またあるとき、ドイツを旅行していて、バスの行き先を確認しようとしていたところ、ちょうど日本人のカップルがバス停に並んでいました。これ幸いと、日本語で「このバスはどこに行きますか?」とメモを渡しました。彼氏がぐっと唾を飲み込むと、「ジス・バス・ゴーイズ……」。

日本語でメモを渡しているんだから、日本語で答えればいいのに、彼女の手前、かっこよく英語で会話したいと思うのかな? 私の顔も、ちょっと日本人離れしているらしく、話し方が少し変わっているので、よくアジア系の外国人と間違われます。

ある珈琲のチェーン店で珈琲豆を買い求めたところ、店員さんに「挽いていない豆で本当に大丈夫ですか」と繰り返し聞かれたこともありました。こちらは「大丈夫です」と何回も答えているのに、聞こえないとわかっていないのではないかと不安に思われるようです。実際、聞こえないということで経験が少なくなりがちなので、念を押してくれるのはありがたいのですが、低く見られて子ども扱いされると複雑です。

今から思えば笑えるエピソードがけっこうありますが、日本では障害者に関する知識や理解が少しずつ浸透してきて、百貨店やショッピングセンターなどでは、私と少しやり取りするだけで聞こ

えないことを理解し、簡単な手話を使ってくれたり、メモに書いてくれたりする店員さんが増えてきました。iPhoneをぱっと取り出して、指をなめらかに滑らせて「どういうものをお探しですか?」と入力して見せてくれることもあります。

3-3　人との「出会い」

(1)　関われないさみしさ

人との出会いが少ない。

例えば、こんな光景があります。

「ボールとってくださーい」

夕暮れの近づいた校庭で、小学校低学年ぐらいの男の子が叫びました。友達とキャッチボールをしていて、ボールが隅のほうに転がっていってしまったのですが、隅の方で立ち話をしている2人の女の子。拾ってほしくて大声を出しても、2人とも振り向きもしません。

「ちょっとーそのボールを取ってよー」

大声は絶叫に変わります。その声は薄闇の迫る校庭に響き渡りますが、女の子たちは夢中で手を動かしていて、振り向こうとしません。

「拾ってくれたっていいじゃんかよ」

男の子は悪態をつきながら、女の子たちのすぐ後ろまでボールを拾いに走ります。

女の子たちは、自分たちが雑談を楽しんでいるすぐ後ろで何が起こっていたのかは、ついにわからずじまい。ときにはたまたま後ろを振り向いて、ボールを拾って走り去る男の子の背中を見るかも知れません。それでも男の子の表情はわからないままで、たった今、どんな関わりがあったのかを知ることは永久にありません。この子たちの間にあったかも知れないやりとり、ちょっとの交流、もしかしたら新しい友達になれて、楽しい人間関係につながっていたかも知れない、そのチャンスは存在しないままで終わってしまうことになります。

(2)　笑顔の仮面

もうひとつ、こんな光景を想像してみてください。

あなたの家族、またはクラスメート、または職場の同僚、つまりほぼ毎日のように顔を合わせるような親しい関係にある人たちの顔を5、6人ほど思い浮かべてみてください。

今、みんなが同じ部屋にいて、ひとつのテーブルを囲んでいます。あなたも一緒にそのテーブルの前に腰かけています。みんな楽しそうな表情で、くちびるを早く小さく動かしておしゃべりしています。時々口を大きくあけて笑ったり、誰かの顔を見てうなずいたりしています。そのうち、ひとりがあなたの顔を見て、ねぇ、というように口を動かしました。そして、あなたの反応を待っているようです。

あなたには何の話かわかっていないので、どうにも答えようがありません。なぁに?と聞くと、あっごめんね、わからないことがあったら言ってね、とそのときだけ少しゆっくり話してくれます。

そう言われても何がわからないのかわからない。全部がわからない。でもちょっとは聞きたいので、質問の内容を素早く頭の中で組み立てます。その紙はなぁに、今何を笑っていたの? その言葉を口に出そうとするときには、もう相手は自分を見ていない。誰もあなたの顔を見なくなります。自分がこの場所にみんなと一緒にいるのに参加していない。よく知っている親しい顔がとてもよそよそしい。少しでも話の内容を知りたくて、くちびるをじっと見つめても、ほとんどわからず、消化不良の言葉をのど元に詰まらせたまま、意識が遠のくような、夢の世界にいるような錯覚が起こってきます。

普通の社会の中で暮らしていく以上、日常的にそのさみしさとつき合っていかなければなりません。会話に加わることができなくても、雰囲気を壊したりしないように、できるだけ笑顔でいるように心がけます。さみしいという感情を押さえて時間のたつのを待つうちに、笑顔を作るほほの筋肉が疲

れてきます。やがてみんなと別れてひとりになると、やっとほっとします。

いつも笑顔の仮面を張りつけているようなものです。聞こえない者同士であれば、仮面をつけなくても自然に笑ったり、時には怒ったり言い合いをしたり、感情を出してリラックスできるのですが、聞こえる人たちの中ではほとんどいつも緊張しています。

耳が聞こえて、普通にコミュニケーションができたら、どんなに多くの出会いに恵まれていたことでしょうか。たくさんの魅力的な人たちがいて、それぞれが違った経験や考え方をもっています。その人たちと関わって、時間や経験を共有することで、さらに多くのものを得ていくことができるのです。

ですが、視点を変えてみたら、耳の聞こえない「わたし」にとっては、聞こえる人との出会いは数少ない中のひとつという貴重なものですが、「わたし」に出会った聞こえる人にとっても、ある意味では、数少ない機会の中の貴重なひとつかも知れません。ああ、この人は聞こえないんだ。気の毒だな。話がうまくできないし、どうしたらいいかわからないし、仕方ないなぁと思ってそれきりになったら、ちょっともったいないですね。

私にとっては、「出会い」とは待つものではなく、創っていくものです。

(3) 社会参加に向けて

２００６年12月に国連総会で「障害者の権利に関する条約」（略称・障害者権利条約）が採択され、２００８年５月に発効しました。日本でも国内法令の整備を進めて同条約の締結を行い、２０１４年２月から効力を生じています。

> 第１条　目的
> 　この条約は、全ての障害者によるあらゆる人権及び基本的自由の完全かつ平等な享有を促進し、保護し、及び確保すること並びに障害者の固有の尊厳の尊重を促進することを目的とする。
> 　障害者には、長期的な身体的、精神的、知的又は感覚的な機能障害であって、様々な障壁との相互作用により他の者との平等を基礎として社会に完全かつ効果的に参加することを妨げ得るものを有する者を含む。

簡単にまとめれば、障害者の権利を保障し、それぞれの尊厳を尊重することを目的とし、障害者には、身体的な障害と社会的バリヤのために社会への完全参加が妨げられているものを含むということです。そして「合理的配慮」の否定を含むあらゆる形態の差別の禁止が明記されています。国際権利条約の締結のために批准を行うにあたって障害者への支援や社会参加に向けて法律が見直され、整備されています。

２０１１年に障害者基本法の改正、２０１２年に障害者総合支援法の成立、２０１３年に障害者差別解消法の成立、障害者雇用促進法の改正が行われています。

また、障害者権利条約の中に、「『言語』とは、音声言語及び手話その他の形態の非音声言語をいう。」という記述があり、これを踏まえて、「手話言語条例」が２０１３年に鳥取県で制定されたことを皮切りに、全国の自治体で制定が進んでいます。

２０１４年12月25日、神奈川県で「手話言語条例」が制定され、翌２０１５年4月１日に施行されました。手話の普及推進を通じて、「ろう者とろう者以外の者がお互いを尊重し合う共生社会の実現」を目的としています。この目的の達成のために「神奈川県手話推進計画」が策定されており、２０１６年4月に、ＮＨＫ総合【おはよう日本】で紹介されていました。

「神奈川県手話推進計画」では、すべての県民に対して、ろう者や手話に対する理解を促進し、言語である手話の普及推進を図る、小学校や中学校、高校で児童生徒が手話を学ぶ機会等を充実させるための教材を作成し、教員向けの手話研修などを行う、非常時に手話で意思疎通できる環境を整えるなどの計画が盛り込まれています。

すべての人が手話という言葉に触れることができるのは、とても素敵なことです。手話はろう者の言語という主張がありますが、手話はきっとすべての人に、いずれ役に立つ言葉だと思うからです。

聞こえる人でも、少し離れたところで会話をしたいとか、人目に触れないように内緒話をしたいといった場面はあるでしょうし、年を重ねて耳が遠くなってきたとき、きっと手話はコミュニケーションの助っ人として生きてきます。

この取り組みは、聴覚障害者の社会参加の実現に向けた数々の活動の一例です。障害者権利条約や日本国内の関連法規についての説明では、行政機関等や事業主の対応について語られることが多いようですが、障害者差別解消法には「国民の責務」として次のような記述が見えます。

（国民の責務）
第四条　国民は、第一条に規定する社会を実現する上で障害を理由とする差別の解消が重要であることに鑑み、障害を理由とする差別の解消の推進に寄与するよう努めなければならない。

私たちはこれらの法律のもとに生活していくわけです。今のこの機会に、みんなが社会に参加し、共に生きていくということを改めて見つめていきたいと思います。

第2章

教育と合理的配慮

合

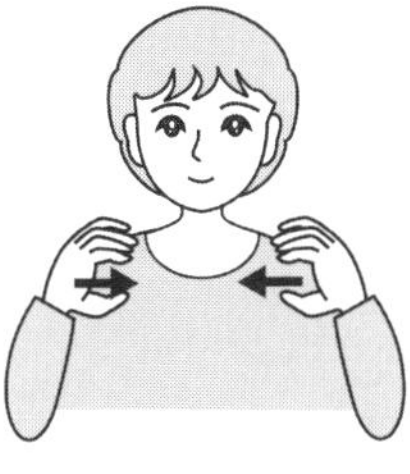

理

的

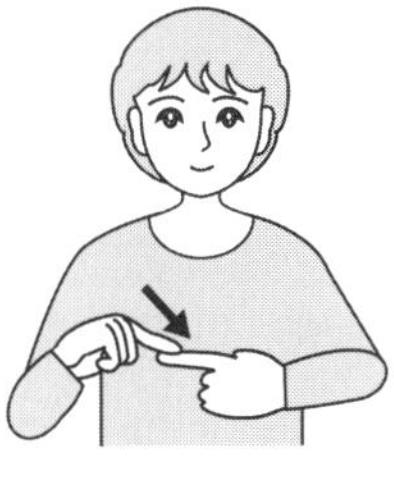

配慮

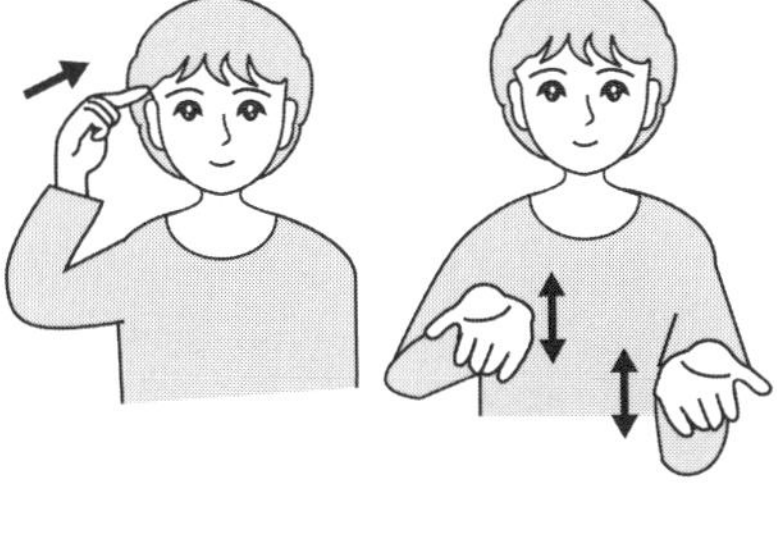

第2章 教育と合理的配慮

1 言葉の教育を受けて

1-1 ろう学校入学

聞こえない子どもは、耳から自然に言葉を覚えることがむずかしくなるので、言葉の教育が必要になります。子どもが聞こえないという事実に直面し、不安と哀しみを抱えてろう学校へと足を運んでいく。母は、先の見えない不安で胸が押しつぶされそうな思いだったと言います。多くの親御さんは、似たような過程を経て、ろう学校の門をたたくのではないでしょうか。

千葉県市川市に、筑波大学附属聴覚特別支援学校という、聞こえない子どもを教育するための学校があります。

ＪＲ市川駅からバスで15分ほど行くと、「真間山下」というバス停があります。そこで降りて、ゆるやかな坂を上がって行ったところに、そのろう学校はあります。江戸川の清流を臨む高台で、すぐ近くに春には桜花爛漫の里見公園があり、緑豊かな環境に恵まれたところです。

１９６０年代のこと、私は母に手を引かれて、その坂を上がっていきました。

当時は、東京教育大学附属聾学校と称していたその学校は、東京教育大学の閉校と筑波大学の開校に伴い、１９７８年に「筑波大学附属聾学校」に名称を改めます。さらに、２００７年4月より、文部科学省令の改定によって「筑波大学附属聴覚特別支援学校」と称することになります（ここでは、附属聾学校と書いていくことにします）。

「特別支援学校」という名称が公表されたとき、卒業生を中心に、我々は特別な支援を必要とする存在なのか、と物議をかもしたものです。

文部科学省が、それまでの「特殊教育」という言い方に代えて「特別支援」という呼称を用いるようになったのは２００１年からです。

多くの幼稚園・小学校・中学校・高等学校は、大多数の障害のない子どもに合わせて作られています。そのために、障害のある子どもには、その障害に合わせた教育環境が必要になります。従来は、障害を「視覚障害、聴覚障害、知的障害、肢体不自由、病弱、その他の障害」に分類し、視覚障害児教育を担う盲学校、聴覚障害児教育を担う聾学校、それ以外の障害児教育を担う養護学校というように呼称を分けていました。

２００６年に、それらの学校を一本化して「特別支援学校」という制度になりました。

「特別支援」という文字を最初に目にしたとき、障害のある人を多くの障害のない人々よりも弱い立場として位置づけ、一方的に「支援してあげる」という意識を感じました。

それまでも「特殊教育」と言っていたように、子どもの障害によるハンディキャップを補って能力を引き出し、最大限に生かすことができるようにするという意味で、普通の子どもと違う教育環境や技術が必要です。特殊教育の「特殊」が「特別」になるのは、あまり違いはないかも知れない。ですが、なぜ「支援」という文字が加わったのでしょうか。

「特殊教育」が「特別支援教育」に改められた背景には、従来の分類「視覚障害、聴覚障害、知的障害、肢体不自由、病弱、その他の障害」のいずれにも入らないものの特別な教育的配慮を必要とする子どもたちの存在が注目されてきたということがあります。学習障害や発達障害などです。

文部科学省のサイトには、特別支援教育について次のように書かれています。

> 「特別支援教育」とは、障害のある幼児児童生徒の自立や社会参加に向けた主体的な取組を支援するという視点に立ち、幼児児童生徒一人一人の教育的ニーズを把握し、その持てる力を高め、生活や学習上の困難を改善又は克服するため、適切な指導及び必要な支援を行うものです。

「支援」の意味について、「障害のある幼児児童生徒の自立や社会参加に向けた主体的な取組」を支援すると書かれています。

このように、「特別支援」に変わった背景を探っていくと、今の社会が一昔前より障害者への理解が進んでいること、障害という切り分けだけでなく一人ひとりの必要性に注目している点で、従来の「特殊教育」とは概念が違うことがわかります。

今の社会では、一昔前に比べて、障害のある人たちへの理解がずいぶん進んできているのですが、それでもふだんの生活で、障害があるために不利になることが多々あります。不利な面を補うために、生活環境を整えたり、福祉制度を利用して補装具を支給してもらったりしますが、やはり大きなウェイトを占めるのは人間関係です。

人間関係を築いていき、お互いの理解を深め、必要なら手助けしてもらう。そして私たちも相手に必要なことをできる範囲でやっていく。一方的に「支援」を受ける存在でありたくはない。そういった思いが、「特別支援」ということばに対して抵抗をもってしまうのでしょう。

ろう学校では、コミュニケーションができ、聞こえない仲間と世界を共有できていたのが、社会に出れば、待ち受けているのはコミュニケーションをとることのできない環境です。「いっさい特別扱いはしません」と言われて進学や就職する聴覚障害者もまだ多いでしょう。もし特別な扱いを受けることがあれば、そういう扱いをする分、能力が低いとみなされて、それなりの評価しかしてもらえない。障害がどういうものかを理解し、受け入れる環境の整っているところは、社会ではまだほんの一握りです。

障害のある側も生きていく力を身につけるために、障害の特性や一人ひとりの個性に合わせた教育や支援が必要なのはもちろんですが、社会全体もまた変わっていく必要があります。

「特別支援」という言葉は、障害のある側への一方的な支援が必要という印象があるために、違和感を持つ人が多いのだと思います。支援は一方的なものではなく、社会が変わっていくために、社会に住む人々への全体的な支援という取り組みに拡大されていくべきですし、その意識をどのようにして、これから障害者を受け入れる学校や職場の関係者、地域の人々に浸透させていくかが、大きな課題になります。

ちなみに、「特別支援」は元の英語では「special needs」です。それぞれに特定のニーズがあり、そのニーズに応じた教育と考えると原文の方がしっくりきます。


附属聾学校は、幼稚部、小学部、中学部、高等部普通科・造形芸術科・ビジネス情報科・歯科技工科、それに加えて遠方の生徒のための寄宿舎が整備されていて、日本のろう学校の中でもすぐれた教育環境が整っています。

幼稚部の建物と小学部の建物の間の校庭には、大きくて見事な枝ぶりの欅の木があり、今も附属聾学校の象徴的な存在となっています。

私が附属聾学校を初めて訪れたときは、ほこりっぽくて古めかしい講堂、平屋風に3、4つほど教室の並んだ幼稚部校舎、小さい子どもの背丈に合った水飲み場などが、断片的に、うっすらとした記憶にあります。そして、幼稚部の教室の入り口になじみのない大人の女性が立っている風景。私は母の後ろにくっついてその女性の目に入らないようにしていました。母のスカートの陰という安全圏に身をひそめつつ、母の不安と哀しさをヴェールのように身にまとっていたような感覚でした。音の記憶も言葉の記憶もありませんが、聞こえる人にとって3歳のときの「音」の記憶はどんなものなのでしょうか。

その日から、幼稚部の3年間にわたる言葉の教育が始まるわけです。教室の入り口に立っておられた女性は、担任となる太田節女先生でした。

母は、この子にコトバを覚えさせよう、とにかくコトバ。耳が聞こえないなら、目からコトバを受け取ればよい。本をできるだけたくさん読ませようと考えたのですが、本が読めるようになるまでが大変だったと言います。母は、コトバ、コトバ、ひたすらそれを思って、無我夢中で毎日私に語りかけていました。

まだ幼い私にしてみれば、親や先生のそういう必死な心境など知る由もなく、先生やクラスメートとのおしゃべり、色彩豊かな絵本、毎日母とお話をしながら通う坂道等など、たぶん普通の子どもが毎日の新しい出来事にわくわくしながら成長していくのと特に変わりなかったと思います。

1-2　口話法教育

(1)　手話の否定

耳の聞こえる子どもは、お母さんのお腹の中で心臓の音を聞いたり、お腹を優しくなでながら話しかけてくるお母さんの声を聞いたりして、ゆっくりと人間のかたちに育っていきます。月が満ちて、元気な産声と一緒に生まれてくる。生まれたその瞬間から、周りのいろいろな人に話しかけられ、たくさんの言葉が耳から入ってきます。お母さんのお腹から出て来るという大変な仕事を終えたあとで疲れて眠いのに静かにしてほしいと思ったりするでしょうか。このようにしてお母さんや家族の声を聞いて育ち、自然に声を出し、話をするようになります。

ところが、生まれつき聞こえない子どもや、言葉を覚える前に聞こえなくなった子どもは、耳からほとんど何も入ってこないので、聞こえる子どもと同じように自然のままにおかれると、家族や周りの人々が声を出して会話していることも知らないまま成長していきます。親子でありながら、きょうだいでありながら、普通に会話をすることができない。それでは哀しすぎるし、将来どのようにして生きていけばよいのか。聞こえない子どもを持つ親御さんとしては、どれだけ不安なことでしょう。

聞こえない子どもも、きちんと訓練を受ければ、言葉を覚えることができる。会話ができるようになる、言葉が理解できれば社会で生きていける。親御さんは、不安と一緒に、ろう学校の教育に希望を持ってろう学校を訪れます。

今はインターネットなどで多くの情報が得られますし、ご両親への適切なアドバイスや支援ができる体制も以前より整ってきていますが、聞こえない子どもをどのように育てていけばよいのか悩み、わらにもすがるような気持ちでろう学校に入るご両親もまだまだ多くいらっしゃると思います。その親御さんが「手話を覚えると日本語の習得ができなくなる」という指導を受けて、子どもに日本語を教えることに全力を注ぐ。この時点で、手話はいずれは聞こえない子どもにとっても、またその子どもと関わる人たちにとっても、大事なコミュニケーション手段になること、言葉を教えていくどこかの段階で手話も含めたわかりやすいコミュニケーションを取り入れていくことなどもご両親に伝えておくことが重要だと思います。

私が幼稚部に入った1960年代のろう教育には、耳の聞こえない子どもが手話を覚えてしまうと、言葉を覚えることができなくなる、という考え方が強く根付いていました。当時は、手話を「手真似」といって、手真似をしてはいけないと子どもたちに教えていました。

私の受けたろう教育とは、このような時代でした。

「手真似」は使ってはいけないもの。ろう学校の中学部や高等部では、先輩諸氏が「手真似」で活発におしゃべりをしている。幼稚部や小学部では、「手真似」を見かけることはほとんどありませんでしたが、中・高等部の校舎に行けば、手真似での会話が満ち溢れていました。その先輩たちのようになってはいけないという。

そして、ろう教育の専門家やベテラン教師によって必死で工夫され組まれたカリキュラムに沿って訓練を受ける。「純粋口話法」の時代ですから、ちょっとでも手を動かしたり身振りをしたりすれば怒られる。上手に発音ができれば、先生も親もご機嫌でニコニコ顔。私はけっこうニコニコしてもらえることが多かったし、母と一緒にたくさんの絵本を読むのはとても楽しかったので、厳しい指導も自分には必要なものと思い、後々まで疑問に思うこともありませんでした。

「手話はろう者の言語」という主張に出会ったのは、大学に入ってからでした。小学校5年のときに普通の学校に転入しましたが、最初から、耳が聞こえないためのコミュニケーションの限界は感じていました。中学、高校と進むにつれて、コミュニケーションの壁も厚く重いものになってきて、自分がなぜここに存在しているのかわからなくなっていたものですが、そのときでも「手話が必要」という発想は、私にはありませんでした。

ろう教育において、手話を中心とする手話法教育と、読話・発話・聴覚活用を中心とする口話法教育が、それぞれの立場から主張を展開し、明治時代から日本のろう教育の歴史をつくってきた、このことを、私は大学に入ってから学びました。「ろう教育は手話を使って教育するべきだ」という議論に参加するようになりました。口話法教育で「手話が否定されてきた」という事実は、ろう者の人間性に関わるものであり、人生全体に大きく影響してきたのでした。

教育方法としてどちらが正しいという議論はあまり意味がないと考えています。手話法教育は、声を聞くことのできない子どもが学べる場を作り、自然に手を使って会話する過程で、手話が言葉として成長していったものでしょうし、口話法教育もまた、聞こえない子どもが聞こえる人の言葉を理解して社会参加ができるようにという必死の模索によって生み出されたものでしょう。

手話法にしても口話法にしても、多様な個性を持つ子どもたちを「ひとつの型」にはめる方向に走ってしまうと、教育の本来の姿、つまり子どもたちの可能性を引き出すという役割を見失ってしまうと思います。

そういう意味で、コミュニケーション手段のひとつである手話を、どんな形であれ排除してしまったということは、口話法教育の大きな誤りであったことには違いないと思います。同じように、「手話はろう者の言語である」という主張も、口話の可能性を活かしながら、聞こえない子どもや大人たちが自然に自分を表現することのできる幅を広げるものであってほしいものです。

(2) レコーディングクラス

ろう学校の幼稚部に入学した1960年代は、口話法最盛期でした。特に手話をいっさい使わない「純粋口話法」と呼ばれる教育方法に力を入れていました。

私が学んだクラスは当初9名いました。このクラスはレコーディングクラスと呼ばれていて、特に純粋口話法教育の成果を見るプロジェクトに組み込まれていたという話を、大人になってから、当時の担任の先生に教えていただいたことがあります。

特別なクラスとして、どういう取り組みが行われていたのかを知りたく、「ろう教育」誌、「聴覚障害」誌などを探してみました。3歳から6歳にかけて受けた自分の教育がどのように意味づけられていたのかを辿ってみることによって、なぜ「手話」が否定されたのか、その一端を見ることができるのではないかと思ったからです。

レコーディングクラスという以上、特殊教育学会や全日本聾教育研究会などでも何らかの報告が行われていたのではないかと思いますが、１９６０年代の古い資料は、残念ながら残存しているものが少なく、私たちのクラスに関する資料はあまり見つけられませんでした。「ろう教育」誌に当時の記述を少し見つけることができました。「ろう教育」誌は、現在の「聴覚障害」誌の前身であり、１９４６年7月に創刊されています。

「ろう教育」誌（１９６４年（昭和39）年6月号）「聴能訓練を省みて」に、次のような記述を発見しました（「聴能訓練」は現在では「聴覚学習」といっています）。

私の担任だった太田節女先生の記録によるものです。

「太田学級は、附属校幼稚部の三才入学三年課程の学級として、三十九年度九名で編成された。（中略）出発から研究室の実験学級として協力を得て、この種の子供たちの聴力利用の限界を見極めるべく教育方針を打ち立てた」（＊1）

また、別の資料に、次の記載がありました。

「そこで私は、部の要請もあって、昭和38年度3歳入学児の研究目標を次のものとした。

・目標　ろう児の聴力欠損による教育的遅滞を最大限に排除すること。

具体目標として両親教育・聴能訓練の徹底

具体目標に両親教育と聴能訓練をあげた理由は、聴覚欠損に対する補償を最大限に考え、そのうえで根本的には子供を正常な幼児と考えて学級経営にあたる」（＊2）

昭和38年度3歳児入学の学級には、私も含まれています。

太田先生は、ろう幼児の教育に携わる先生方に対して次のような問題提起を行っています。

「しかしひるがえってろう学校教師自体の教育観を反省する時、目前の解決されぬ問題の重責に耐えかねてか、現在までの教育によって作られたろう者を、自分なりに概念化し、〝ろう者とはこのようなものなり〟との規定の上に立って、可塑性をもつ幼ろう児に接している面はないであろうか」（＊3）

「ろう者とはこのようなもの」

率直に言うなら、今も、聞こえる方たちは、自分が出会ったひとりあるいは少数のろう者を見て、「ろう者とはこのようなもの」という印象をもつことが多いのではないでしょうか。その印象を払拭して、まっさらなろう児と向き合うべきという提言です。

しかし、「現在までの教育によって作られたろう者を…」という表現からして、それまでのろう教育の成果は、当時のろう学校教師の方々には満足いくものではなかったようです。

私たちのクラスのほとんどが小学校までの段階で普通の小学校に転入し、聞こえる児童と机を並べることになります。9名それぞれ聞こえの程度も家庭環境も性格も違いますので、普通の学校に入ったことを必ずしもよしというのではありませんが、当時としては、地域の学校が聴覚障害児を受け入れる体制はまだ不十分で、私たちがその草分け的な役割を果たしていたのかも知れないと思います。

2004年の筑波大学附属聾学校紀要に掲載されている「附属聾学校におけるインテグレーション　その(1)」には、「附属聾学校では、萩原校長以来伝統的に『Make the Record』の名の下に聴覚障害児の可能性を追求するといった教育の命題があり、普通児に負けない学力をつけさせる挑戦が行われていた。」（＊4）という一文があります。この「挑戦」により言語力や学力を身につけた子どもたちが普通校にインテグレーションするケースが増えていったようです。萩原浅五郎校長は、1950～1968年の間、附属聾学校校長として在職し、聴覚障害児の早期教育、聴覚の活用、インテグレーションの推進という新しいチャレンジに取り組んできた人物です。私たちの学級もその取り組みのもとにあったので「レコーディングクラス」の意味も理解できます。

「ろう教育」誌を読み進んでいくと、太田先生が私たちのクラスの記録として書かれた記事が何回か掲載されていますが、子どもたちを見守る目はとても暖かく、一方で冷静な分析をしておられます。私たちのクラスが小学部に上がり、太田先生の手を離れた後は、新しく受け持たれたクラスの記録を残していて、本当にろう教育に全身全霊を打ち込んできた教育者だったという印象を持ちます。

それだけに、成人して、私自身がろう教育を考える立場になったときに、太田先生と十分に話をする機会をもっと作ればよかったと、いまさらながら思うことがあります。

教育方法を模索していくということはすばらしいのですが、純粋口話法教育はろう者不在の模索となり、手話の否定につながった面もあるようにも思います。特に、両親を教育する側面では、幼児における目標達成、つまり口話による日本語の獲得に意識を向けようとするあまりに、手話への嫌悪感を植え付けてしまった面もあるのではないでしょうか。

コトバ（音声言語）を習得するための方法としての口話と、コミュニケーション手段としての口話。それは別々のものだと私は思うのですが、純粋口話法は、コミュニケーション手段としての手話さえ認めていなかったようです。

(3) 口話法のモデル

日本のろう教育界に口話法が広がり、手話が教育の場から追い出されていくのは昭和初期のこと。口話法教育が目指す理想像のモデルとなったのは、大正から昭和にかけて41年の短い生涯を生きた西川はま子さんという耳の聞こえない女性です。

私たちが受けた純粋口話法は、西川はま子さんの父・西川吉之助氏が提唱し、名古屋市立聾唖学校の橋村徳一氏、東京聾唖学校の川本宇之介氏と共に口話法の啓蒙活動を行って、当時のろう教育界に広く普及させたものです。東京聾唖学校はのちの附属聾学校です。

西川はま子さんは、1916年（大正5年）1月に、京都で、西川吉之助氏の三女として誕生しました。3歳になっても言葉を発することなく、父・西川吉之助氏はあらゆる医師に診せて聴力を失っていることを知りました。

出産のとき、鉗子で頭をはさんだ折、鉗子が耳を圧迫し、鼓膜を損傷したことで聞こえなくなったそうです。ということは、聴覚障害の分類に従えば、伝音性難聴ということになります。

口話法教育のモデルという以上、伝音性難聴よりも重い感音性難聴とばかり思っていたのですが、伝音性難聴だったと知ったときは意外でした。当時の事情からすれば、補聴器の技術もまだ進んでいなかったので、伝音性といえども鼓膜の変形によって伝達がむずかしくなった音を補えるほどの補聴器はまだなく、自然な言語習得は困難だったのでしょうか。

西川吉之助氏は、実家が北海道でのニシン漁を営んでいた財産家であり、それまで聞こえない子どもを教えるどころか、およそ教育というものとは無縁でしたが、娘・はま子さんが聞こえないのであれば、聞こえない子どものための特別な教育を受けさせなければならない、そのためにはま子さんにふさわしい教育環境を模索します。

当時のろう教育は、手話により聞こえない子どもに教育を施す手話法を中心としていました。日本語の習得が十分できず、発話もわかりにくい、聞こえない子どもたちは不幸な障害児として低くみられてしまうという状況を見て、西川氏は、娘・はま子さんにきちんとした日本語を習得させ、普通の人と同じように学を修め、社会で生きていける人間として育てたいと考えました。欧米のろう教育に関する文献を集め、独学で聴覚障害児の教育について学び、アメリカで進められていた口話法教育をもとに、はま子さんに自ら言葉の教育を試みます。

聞こえない子どもが、手話を使わずに、相手の話を読み取り、相手にわかる発話ができるようになる。はま子さんの成功は、ろう教育界で注目され、西川氏はその成功をろうの子どもに広める活動に心血を注ぎます。

西川はま子さんが書かれた『ろう者のひとりごと』という遺稿があります。1956年（昭和31年）9月から翌年4月に「ろう教育」誌の前身にあたる「特殊教育」誌に9回にわたって掲載されたものです。その文章には、はま子さんの、読話・発話の能力を磨くために日頃からたゆまざる努力を継続していくという決意が記されています。それがはま子さんの生涯を通じての一大テーマだったのでしょう。

はま子さんは、1957年（昭和32年）に41歳の生涯を閉じます。『ろう者のひとりごと』が書かれて間もないときで、口話法教育を広めるべく地方の学校や聞こえない子どもたちを訪ねていくという活動を続けている途中でした。

はま子さんは手話を覚えて、手話の持つ可能性を探ろうとしていた時期もあり、聞こえない子どもにとって何がベストなのかを模索し続けてきた人でした。もう少しこの世に留まることができたなら、もっと多くの人と出会って、また違う視点から手話と口話を見つめることもあったでしょうか。それとも、口話法がベストであるという信念を崩すことはなかったでしょうか。

2 普通の世界に入る

2-1 インテグレーション

私は純粋口話法教育を受け、本が大好きで図書室の本をどんどん読む、そこそこ上手な作文を書いて、先生に褒められては喜ぶといった子どもでした。

口話法の成果をある程度出した子どもは、「普通の小学校」に転入し、聞こえる子どもと机を並べて、ともに学校生活を送ることを奨められました（今では「地域の学校」という言い方をしますが、当時は「普通の小学校」または「普通校」という言い方が一般的でした）。当時は、このことを「インテグレーション」と言っていました。「統合」という意味で、ろう学校という、ある意味で隔離された環境で学ぶのではなく、普通の子どもが学ぶ場で障害のある子どもも一緒に学べるようにするのです。

レコーディングクラスと呼ばれた私のクラスでも、仲良しのクラスメートたちは、小学部3年から4年にかけて、ほとんどが「普通の小学校」にかわっていきました。みんな、友達がたくさんできて楽しいと言います。私は少し体が弱かったので、担任も親も慎重になっていましたが、先に転校していった友達の話を聞いては、「普通の小学校」への憧れがだんだん大きくなってきて、早く転校してみたいとせがんだりしていたものでした。

そうして同級の子どもたちに一歩遅れたかたちで、小学校5年の3学期に、学区の小学校に転校しました。

最初の3か月は、普通の学級で勉強についていけるかどうか、クラスメートと仲良くなっていけるかどうか、様子をみるテスト期間でした。

初めて「普通の小学校」に足を踏み入れたのは、1月の寒い朝でした。K小学校5年1組。始業式でした。校庭にたくさんの小さな頭がひしめいていて、クラスごとに長い列が伸びている。1組の列の後ろに、上履きを抱えてそーっと並びます。1組の児童たちが目ざとく私を見つけて、口々に何かを言い合っている。なんて言っているんだろう？

「転校生だよ」かな。やっぱりわかりません。始業式が終わると、2人の女の子が寄ってきてくれ、教室まで案内してくれました。担任の先生から話は聞いていたらしく、口を大きめにあけてゆっくりと話してくれて、とてもわかりやすく、少しほっとしました。

やがて担任が教室に入ってきて、私はみんなの前に立たされ、自己紹介をします。担任は「耳が聞こえないこと」について何やら説明しているようです。普通の小学校にきて、普通のクラスにいて、普通の子どもたちの前にいる。憧れていた瞬間がきたものの、かちこちに緊張していて、何を話したのかは覚えていません。

自己紹介が終わって席についたところで、後ろからトントンと軽く肩をたたかれました。振り向くと、男の子が珍しそうに大きな目で私を見ています。そして口を開く…はっきりとした口形を読み取って、私はあぜんとしてしまいました。

「コトバ、わかるか？」

えっ？ あったりまえじゃないの!? なんでそんなことを聞くの？ 私は何と答えてよいのかわからず、半ばぽかんとして黙ってしまったので、彼は、私が言葉がわからないものと理解してしまったかも知れません。

耳が聞こえない、じゃあ言葉がわかるんだろうか、というのが至極もっともな疑問だということを、このとき、私はまだわかっていなかったのでした。

ろう学校のクラスでは7人前後で、机を半円形に並べて先生の顔が見えるような配置になっていました。新しく転入した普通の学級は44名、2人ずつ並べた机が4列。

新しい環境、新しいクラスメート。

私が転入してすぐ、担任の先生は席替えをして、私の席を右から2列目の一番前に決めました。隣の席は、Sちゃんという笑顔のとびきり可愛い女の子でした。

ろう学校に通う経路とK小学校の通学路とは、一部重なっていました。ろう学校に通いながら、普通の子どもたちが楽しそうにおしゃべりをして集団で歩いていくのをよく見かけました。その当時は、まだ子どもが被害者になる陰惨な犯罪が少なかったのでしょうか、子どもたちは名札を胸につけて通学することが多く、名札のデザインは学校ごとに統一されていました。K小学校の名札は黒いフェルトに名札入れを重ねる。緑色のフェルトは隣の学区のM小学校、青いフェルトは私立の小学校だったか。

ろう学校は児童生徒の数も少ないためか名札がなかったので、名札をつけている子どもたちが妙にうらやましく、名札は普通の小学校という集団に属しているしるしのように思えたものでした。その黒いフェルトの名札を胸につけたときはとっても嬉しくて、毎日欠かさず胸につけて通っていました。K小学校というところに私はいるのだと。

そして、K小学校のクラスのひとつである、5年1組という集団。この集団に自分は属している。その集団の構成員たるクラスメートの名前を夢中で覚えました。今でも、全員の名前とどこの席に座っていたかを覚えています。顔も浮かんできます。

一人ひとりと話をするのがとても楽しかった、珍しかった。私と直接話をしてくれ、その口形はほとんど読み取れる。私の方は、相手に話が通じるかどうかあまり気にせず、どんどん話をしていました。

授業の方は、いちばん前の席で、すぐ目の前の教壇を少し見上げるようにすると、担任が黒板にせっせと書きながら授業を進めています。その口形を見つめます。少しでもわかろうと思えば、その口にずーっと集中していないといけない。最初のうちは、授業の内容をテープに録音し、家に持ち帰って母がその内容を聞いて通訳してくれました。こうして授業を理解しようという意気込みでスタートしましたが、担任の口元に視線をあてたまま長時間集中するのは至難の業でしたし、テープの通訳も母の負担が大きく、長く続けるのは無理がありました。授業中は担任の先生のこまめな板書が頼りで、クラスメートたちも教科書を指さしたりノートを見せてくれたりなど協力してくれました。

担任の先生も、隣の席のSちゃんも、クラスメートたちも、耳の聞こえない子どもという存在と出会って、戸惑いながらも受け入れようとしてくれていたと思います。みんなが協力的だったので、テスト期間の3か月間は、特に大きな問題もなく無事に過ぎていきました。

毎日の連絡事項や宿題などは、教室の前に掲げられているホワイトボードに記されています。そのホワイトボードに「作文」と毎日書かれていて、私は焦って、毎日家に帰って作文を書いていたのですが、3、4日して担任が「これは、月末までに提出するようにという意味なので、1回出せば大丈夫ですよ」と教えてくれました。

そうして3か月はすぐに過ぎ、6年に進級して、クラス替えがあります。担任は変わりませんでしたが、Sちゃんは別のクラスになり、新しいクラスにまた慣れていかなければなりませんでした。

2-2 孤立感、疎外感

自分が所属している環境で周りの人々や大人の言動、ふるまいをいつも観察してみたり、模倣したりすることで、その社会の常識やルールを学び、社会の一員として熟成していく。子どもの世界も同じで、その学校、そのクラスの文化というものが育ち、なじんでいきます。

ろう学校と違って、友達がたくさんいて楽しい毎日が続くはずでしたが、その楽しさというのは、おそらく担任やクラスメートたちが「聞こえない」存在に珍しさもあり、初めての経験で「うまく受け入れなければ」という意識があって何かと配慮してくれたからなのでしょう。

「聞こえない」子どもがいることに慣れて、特別に思わなくなってきたとき、それは言い方を変えれば、特別な存在ではなく普通にここにいるのだという意識に変わってきたのだと思います。しかし、私にとっては、最初の頃と違って不安な気持ちが強くなってきて、少しずつ学校生活全体にかげりが出てきました。

担任や周りの友達が冷たかったわけではありません。席替えのたびに隣の席の子は替わりますが、みんなそれぞれに何かと気を使って教えてくれたし、家が近くにあった友達は、学校が終わると私の家に立ち寄って、その日の出来事を母に話して聞かせてくれたりしました。授業も、担当の教師の話は読み取れないことが多くても、ポイントは教師や友達のフォローをもらっていました。

ただ自然体として接していることが多くなります。つまり、私の言い方がわるければ怒って言い返してくるし、ゆっくりわかるように話すことが面倒になれば「もういいよー」と言ったりする。ある意味、特別扱いしたり、区別したりすることが少なくなった。そうなると、「何がどうなっているのかはっきりしない」「どうすればいいのかわからない」ということが多くなってきます。

仲のいい友達同士でも、意見が合わなかったり、ちょっとカチンときたというときは言いたいことを言うだろうし、しばらく言い合ってすっきりすればまた仲良くなるのでしょうが、みんながどういうときにどんな言い方をしているのか、そのモデルになるものがないので、何をどう言えばいいのかわからないのです。

聞こえない自分と周りとの違いに戸惑うのですが、その頃は、まだ「聞こえないから」ということがよく理解できていません。

いつも、周りを見て、はっきりしないことがあるとどうしたらいいのかわからない。

例えば、一日の授業が終わって、各班に分かれて掃除をする。教室の机を寄せて拭き掃除を始めるとき見回すと、なぜか男の子ばかりで女の子がいないのです。自分だけが女の子。自分はここにいてはいけないいんじゃないかと思い始めると、どうしたらいいのか。拭き掃除をしてもいけないような気がするし、ここにいてもいけない気がする。そこで固まってしまい、はたから見ると、掃除をさぼって突っ立っているように思われたでしょう。

クラスでは、6～7人ずつ、5つぐらいの班に分かれて、班ごとに行動することが多くなりました。学期ごとに班替えがあったり、班長を決めたりします。

私が班長をしていたときですが、班の行動に何か問題があったらしく、担任の先生が不機嫌な顔で何やら早口で言いまくっています。何があったのかわからず、隣の席の子がぽろぽろ泣いているのにびっくり。何があったの？とも聞けない。

やがて班全員教室の前に立たされて、一人ひとり何かを言っています。クラスのみんなに向かって、すみませんでした、とか謝っているらしい。最後に、私ひとり残りました。とりあえず「すみませんでした」だけでも言おうと思い、タイミングを測っていたら、先生が「もういい」と言ったらしく、みんな席に戻っていきました。

班長なのに、何もわからなかった。「すみません」さえも言えなかった。

誰も、私には何も責めるようなことは言いません。でもとても恥ずかしかった。悲しかった。消えてしまいたいと思いました。

しばらく後になって、隣の子に「何があったの」と聞くと、「大丈夫よ」と。

「大丈夫、あなたは悪くないから」

そうじゃなくて、何があったのかを知りたい。けれど、結局わからないままで終わりました。

班長という責任ある立場で知るべきことを知らず、するべき行動ができず、身の置き所のない思い、さみしさ、それが聞こえない身で社会に生きていくことなのだと学ぶ第一歩になりました。

こうした小さな事件の積み重ねで、少しずつ大きくなってくる不安と戸惑いを持ったまま、普通の小学校で1年3か月過ごし、そのまま学区の中学校に進学します。

中学校から高校にかけては、自分が普通の生徒とは違うということを意識せざるを得ず、コミュニケーションのむずかしさに疲れる毎日でした。クラスになじむことができず、自分は出席番号だけはあるけれど、ここに存在していないという思いがふくらんできた時期です。登校してから帰宅するまで、だれとも会話をすることのなかった日もあります。人と話をすることがどうしようもなく怖くて、相手のちょっとした反応の一つひとつに敏感になっていました。

中学校も高校も、聞こえない生徒を受け入れるのは、私が初めてのケースでした。中学校は、ろう学校と隣接している事情もあって、私の後に次々に聞こえない生徒が入って来たようです。

3　手話との出会い

3-1　手話は言語

大学に入るまで、自分に手話なんて必要ないと、私は考えていました。

「自分は日本語がわかるし、口の形を読むことができる。私の発話も、少し慣れれば聞き取ってもらえる。手話は日本語がしっかりと身についていないろう者が使うものだ」と思っていました。

その意識をひっくり返してくれたのが、大学に入って出会った先輩の方々です。

高校までは、聞こえない友達といえば、ろう学校時代のクラスメートぐらいで、たまに会うときも手話は使わずに口話だけで通じていました。

大学に入って、何人かのろうの先輩と会う機会がありました。

まだ手話もわからず、クラスメート以外でほとんど最初に会った聴覚障害の先輩たち。彼らは、私に新しい目を開くきっかけを与えてくれた人たちであり、また厳しい目で現実をみつめてきた怖い存在でもありました。

大学を受ける際、多くの大学は事前に許可をもらって受験していましたが、筑波大学だけは「開かれた大学」というスローガンを掲げて障害学生に門戸を開いており、聴覚障害を含めて何人かの障害のある学生がすでに在籍していました。心身障害学の研究も進んでおり、相談できる教授もいる。きちんと学べるし将来にもつながっていくという思いで、筑波大学入学を決めました。学部の分け方も独特で、〇〇学部××学科という呼び方ではなく、学群、学類に分けて、その名称も「比較文化学類」「人間学類」「社会工学類」などと当時としては聞きなれないものでした。

私は第二学群比較文化学類に入学し、学生寮に入ってまもなく、たくさんの学生と知り合いになりました。同じ学類の人、学生寮の同じフロアの人、新入生に片っ端から声をかけてコンパに勧誘してくる先輩、そして、手話を使って話す先輩たちです。

聞こえる学生たちが手話を使って聞こえない学生と会話しているのを見てびっくりしました。そのときに初めて触れたのが「手話は自分たちろう者の言葉だ」という誇りでした。

近隣の大学の聴覚障害学生との交流もありました。中には怖い存在だと思った先輩もいました。彼は初めて会ったとき私の目を見据えて言ったのです。

「君は、自分が口話法教育のギセイ者だって考えたことあるか？」

「はぁ？」

普通の小学校に転校したその日に「コトバ、わかるか？」と聞かれたときと同じぐらい唖然としました。

私のぽかんとした顔がおかしかったのか、彼は豪快に笑って言いました。

「ほれ、目の玉がこぼれるぞ。緊張して僕の口を見ているだろう」

「ギセイ者」とは、ちょっと穏やかならぬコトバです。口話法教育によって私は日本語を習得できたし、日本語の美しさを愛している。口の形を読めば、聞こえる人たちとちゃんと通じます。

それなのに、このお方はなんて失礼なことをおっしゃるのでしょう。口を読むから目玉が落ちそうになるんじゃなくて自前の目なんですからと軽く反発しながらも、人の口の形を読むとき確かに自分は緊張している。普通の学校で孤立感を味わってきたことを思いました。手話は、日本語を使いこなすことのできないろうあ者のための言葉ではなく、ろう者である自分たち自身の言語だという主張を知るきっかけになりました。

手話に頼るようになることで読話力や発音の力が落ちてしまうのではないかという不安もありましたが、聞こえる人の側から歩み寄ってきて話をしてくれるということが、大きな驚きであり、感動でした。これまで自分から努力して相手に近づこうとするばかりだったのに、相手のほうから近づいてくる。ちょうどその年に、彼らが中心になって大学の手話サークルを発足したところだったので、手話サークルに入って、手話を覚えました。自分が手話を覚えるなど、まったく想定外でした。初めて「仲間」と呼べる存在があり、自分が対等な立場で所属できるサークルがあるという魅力が大きかったのでした。

大学の外でも、新しい出会いの場がありました。

高校までは同じ聴覚障害者との交流がほとんどありませんでしたが、聴覚障害のある学生の集まりがあることを、大学で出会った先輩を通して知りました。当時は「関東聴覚障害学生懇談会」という名称でした。私に「口話法教育のギセイ者だ」という衝撃の一言をくれた先輩も、その団体の中心的な存在として活動をしていました。彼は口は辛らつでしたが、ユーモアがあって人間味の深い人でした。大学での情報保障はどのようにあるべきか、そして自分たちはどのように活動し、社会にアピールしていくか。手話のできる健聴の学生も加わって、大学生活を送る上での問題の共有や討論が活発に行われていました。

3-2　初めての手話通訳

大学の講義は、高校までと違って決まった教科書があるわけではなく、授業の担当教官が本を紹介して購入します。また板書はほとんどなく、隣に座った学生のノートが頼りでした。最初はテープに録音して両親が書き起こしてくれましたが、1コマ75分という長さと専門的な内容から、すぐギブアップしてしまいました。

大学でも高校時代の延長で、同じ教室に座っていても、講義の内容を聞くことはできず、みんなと同じ場所にはいない。それはそれで割り切っていけばいい。聞こえる学生と同じように講義を受けることができるなど思ってもいませんでした。

他の大学では、在学している聴覚障害学生が大学と交渉して講義の手話通訳やノートテイクを認めさせる活動をしており、それを聞こえる学生が支援していました。

手話は目立つ。ほかの学生にとっても、教室で講義に集中したいのに、手話のひらひらとした動きは邪魔になるでしょう。人に「迷惑」をかけてまで、手話通訳をしてもらうのは良いことではない。人に迷惑をかけないように、自分の力で何とかしていかなければならない。それがほとんど信念になっていましたが、みんなとの討論や先輩が実際に通訳をつけて受講している様子を見て、少しずつ考え方が変わってきました。

初めて手話通訳を通して大学の講義を受講した日は、今でもよく覚えています。大学比較文化学類で1、2学年向けに開講されていた「アメリカ研究入門」という講義でした。大学の手話サークルの先輩が、自分の講義の入っていない時間に、75分間の講義を手話通訳してくれました。正しくは、手話を視野に入れながら口の動きを読み取るのですが、手話というメディアが加わって、講義の内容を「聞く」ことができる。若干のタイムラグはあるでしょうが、教授が冗談を言って学生みんながどっと笑ったとき、私も一緒に笑っていた。聞こえる学生と一緒に、ほぼ同じタイミングで笑っていたのです。

そうして大学院を修了するまで、多くの先輩や学友たちがボランティアで手話通訳をしてくれました。一時期、みんなで手話通訳日誌をつけて、より良い手話通訳・情報保障について議論し、模索していました。

1987年に、視覚障害者と聴覚障害者のための高等教育機関として筑波技術短期大学（2005年より筑波技術大学）が設立されました。そこに事務所を置く聴覚障害者高等支援ネットワークがあります。

日本聴覚障害学生高等教育支援ネットワーク（PEPNet-Japan）は全国の高等教育機関で学ぶ聴覚障害学生の支援のために立ち上げられたネットワークで、事務局がおかれている筑波技術大学をはじめ全国の大学・機関の協力により運営されています。高等教育支援に必要なマテリアルの開発や講義保障者の養成プログラム開発、シンポジウムの開催などを通して、聴覚障害学生支援体制の確立および全国的な支援ネットワークの形成を目指しています。

PEPNet-Japanサイトより

筑波技術大学が拠点となって、日本各地の大学との組織間連携の構築が進められています。PEPNet-Japanのサイトには、充実した情報や支援体制、支援のノウハウなどが蓄積されています。私たちの世代に始まった取り組みが20年、30年をかけて、現在、聴覚障害学生が大学で学び、大きく成長していくことにつながっている。こうして回想してみると、とても感慨深いことです。

当時、本当に自分が学びたかったことを学べたか、真に興味ある研究テーマを追求できたかというと、残念ながらそこには至りませんでした。

2年目に、私は人間学類に転籍し、心理学を専攻しました。心の問題をテーマにして心理カウンセラーの資格を取り、聞こえない人のための心理カウンセリングができると思ったからでした。しかし心理学の指導教官とのコミュニケーションはうまくできず、聴覚障害者が心理カウンセラーの資格をとるなどやはり無理なことだと納得してしまったのですが、今にしてみれば、いわば未踏の領域にもっと踏み込むべく食い下がっていく積極性があれば良かったと思います。

4　特別支援教育と合理的配慮

4-1　聞こえない子どもへの合理的配慮

(1)　インクルーシブ教育システムの考え方

特殊教育が特別支援教育への転換を迎えたのは、２００１年１月に「21世紀の特殊教育の在り方について（最終報告）」を契機としています。その後、法律の改正や制度の整備も行われて、私が小中学校に在籍した20世紀当時とは、子どもが受けられる教育環境がずいぶん変わったようです。

「障害者権利条約」では「合理的配慮」の定義が行われていて、次のように書かれています。

> 「合理的配慮」とは、障害者が他の者と平等にすべての人権及び基本的自由を享有し、又は行使することを確保するための必要かつ適当な変更及び調整であって、特定の場合において必要とされるものであり、かつ、均衡を失した又は過度の負担を課さないものをいう。

文部科学省はこの条約を踏まえて、「共生社会の形成に向けたインクルーシブ教育システム構築のための特別支援教育の推進（報告）」（２０１２年７月23日）を出しています。

「共生社会」とは、これまで必ずしも十分に社会参加できるような環境になかった障害者等が、積極的に参加・貢献していくことができる社会である。それは、誰もが相互に人格と個性を尊重し支え合い、人々の多様な在り方を相互に認め合える全員参加型の社会である。このような社会を目指すことは、我が国において最も積極的に取り組むべき重要な課題である。

私たち障害者が、積極的に参加・貢献していくことのできる社会。それを実現するために「インクルーシブ教育システム」の理念が提唱されていて、教育の場における合理的配慮の観点は、3観点11項目から成っています。表（P.84）に示していますが、具体的な施策については触れていません。

(2) 聞こえない子どものニーズ

この観点を参考にして、私の場合、どのような「合理的配慮」があれば良かったか書いてみたいと思います。私が育ってきたのは、地域の学校でも職場でも参加しにくい時代でした。各法令が整備され、また文部科学省の取り組みが進んでいるとはいえ、今でも地域の学校では、実際に聴覚障害児が入学または転入してくると、どう対応すればよいのか試行錯誤せざるを得ないのが現実ではないでしょうか。

国立特別支援総合研究所が運用している「インクルーシブ教育システム構築支援データベース

（インクルDB）」には、インクルーシブ教育システム構築事例が蓄積され、関係者が共有できるようになっています。

聴覚特別支援学校と地域の学校の連携や、特別支援教育支援員によるフォローなど、子どものニーズに合わせたきめ細かい支援が少しずつ実現されているのは、大変喜ばしいことです。聞こえない立場で、私がいちばんつらかったのは、学校という集団生活で「参加している」という実感がなかったことです。学級やクラブ活動などに「参加」するためには、どうしても配慮してもらうことが必要になります。

本音を言うと、私の場合「参加している」という実感は、今でも、同じ聞こえない者同士の集団でしか得られません。小学校か幼稚園の段階からどのような配慮がされていたら、将来的に聞こえる人の集団でも「参加している」実感が得られるようになるか、考えてみました。

A．聞こえる人と対等であるという意識が持てること
B．孤立したときの対応ができること
C．周りがコミュニケーションの成立に協力できていること
D．本人が言いたいことを表現できていること

以上のことは、表（P.84）の学校における合理的配慮の観点①-2-1「情報・コミュニケーション及び教材の配慮」、①-2-3「心理面・健康面の配慮」に含まれますが、「心理面」が大きなウェイトを占めると思います。

A．聞こえる人と対等であるという意識が持てること

・クラス内で班長や係長のように責任のある役割を持っているとき、きちんと責任を果たすように導く。班の行動に対して叱るときには、班の一員として、なぜ叱られているのか理解できるようにする。班員が謝るときは一緒に謝ることができるように。

・不快な情報でも共有するようにする。

・クラスや部活などで物事を決めるとき、決まった結果だけを伝えるのではなく、決定に至るプロセスも一緒に伝えるようにする。そのプロセスに参加できるようにする。

B．孤立したときの対応ができること

・担任や支援員などが定期的に聞こえない子どもと話をする時間を作る。

・聞こえない子どもがひとりでいるとき、困っていないかどうか見極める。

・スクールカウンセラーも聞こえない子どもと会話

表　学校における合理的配慮の観点

学校における合理的配慮の観点（３観点 11 項目）

①教育内容・方法
- ①－１　教育内容
  - ①－１－１　学習上又は生活上の困難を改善・克服するための配慮
  - ①－１－２　学習内容の変更・調整
- ①－２　教育方法
  - ①－２－１　情報・コミュニケーション及び教材の配慮
  - ①－２－２　学習機会や体験の確保
  - ①－２－３　心理面・健康面の配慮

②支援体制
- ②－１　専門性のある指導体制の整備
- ②－２　幼児児童生徒、教職員、保護者、地域の理解啓発を図るための配慮
- ②－３　災害時等の支援体制の整備

③施設・設備
- ③－１　校内環境のバリアフリー化
- ③－２　発達、障害の状態及び特性等に応じた指導ができる施設・設備の配慮
- ③－３　災害時等への対応に必要な施設・設備の配慮

中央教育審議会初等中等教育分科会報告（平成24年2月）より

できるように、手話、口話、筆談に対応できるようにする。
・相談できる相手には、同じ聞こえない大人を含める。

C．周りがコミュニケーションの成立に協力すること
・子どもがいちばん自分に合ったやり方、リラックスできるやり方でコミュニケーションができるようにする。
・配慮をする児童・生徒が、特定の仲の良い子どもやグループに偏らないようにする。クラスや学校全体の児童・生徒が、聞こえない子どものニーズを理解し、一人ひとりが気配りできるようにする。
・子どもと話の通じる友達を通訳者にしない。忙しいときなど、子どもとスムーズにコミュニケーションのできるクラスメートを通して会話してしまうことがあるが、本人と直接話をしなければ、会話は成立しない。

D．本人が言いたいことを表現できていること
・聞こえない子どもがすぐに言えないときに、先回りして代弁しない。子どもがうまく表現できない場合、子どもの言いたいことを推測して、対応してしまうことがある。
・子どもが自分のニーズを自分で言えるようにする。
・子どもが、適切な言葉を選んで表現できていない場合もある。子どもの使っている言葉がその場に合わないときは、子どもの言うことをうのみにするのではなく、聞き返し確認しながら、子どもの言いたいことをつかむようにする。

E. 他に配慮してほしいこと

・人工内耳は慎重に判断を

人工内耳を装着する子どもが増えているが、一度手術すると元に戻せない。人によって効果は異なってくるし、人工内耳で正常な聴力を得られるわけではない。正しい情報を保護者に与えられるように。子どもは自分で選択できない。

・授業中の配慮

座席の位置、隣に座る子どもとの関係を考慮して、定期的に座席替えを行う。

板書を多くしたり、プリントやプロジェクタ表示など視覚的教材をできるだけ活用する。

隣の席の子どもへの配慮も必要。責任感のある子どもは、聞こえない子どものサポートを気にして、負担に感じてしまう場合もある。聞こえない子どもの隣に座ったために自分の子どもの成績が落ちたと感じる保護者もいる。

・災害時などの対応

周りで騒ぎ始めたとき、聞こえない子どもは不安になる。周りに誰もいないときや、地震で戸が開かなくなり閉じ込められたりすることもあるので、笛をいつも持っているようにするのも一案。エレベーターに閉じ込められるとインターフォンでの通話ができないので、その対応も必要になる。

4-2　社会参加は家庭から

共生社会は、教育の場や職場での参加・貢献を可能にする「社会参加」を謳っていますが、「社会」の最小単位は、家庭です。

聴覚障害児・者は、家庭の団らんに参加できないさみしさを味わうことも少なくありません。家族や親子ならコミュニケーションは問題ないでしょうと、聞こえる方からよく言われるのですが、残念ながら、家族内でのコミュニケーションがむずかしいことはよくあります。お母さんの口形は比較的読めるものの、お父さんとは会話の機会が少ないために、お母さんほどスムーズにいかないこともあります。

家庭で起こったできごとを聞こえない子どもが知らないままでいることがないかどうか。聞こえない子どもが言いたいことを伝えられているか。ご家族の方は、日常の中で少しずつでも意識していただければと思います。

聞こえない両親に聞こえない子どもが生まれて、家族全員が聞こえないという場合があります。このような家族を「デフ・ファミリー（deaf family）」といいます。全員が聞こえないのですから、家族の中でひとり孤立するということはありません。いつも一緒に楽しそうに行動しているデフ・ファミリーの方々をみて、少しうらやましい気持ちを持ったこともあります。

また聞こえない親に聞こえる子どもが生まれる場合もあります。そのような子どもをコーダと呼んでいます。コーダ（CODA）は、Children Of Deaf Adults（聞こえない親を持つ聞こえる子どもたち）の略です。親の手話を見て育ち、手話を自分たちの言葉として会話をするコーダもいます。以前に名古屋だったか、ある集会に参加したときに、両親が聞こえないという若い女性に会いました。彼女の生き生きとした手話は、聞こえない私などよりも豊かな表現力を持っていて、どちらが聴覚障害者なのかわからないぐらいでした。「聞こえないというだけで、レベルが低いとみる人が多い。でも、私は両親のレベルが低いなどと思ったことはないよ」と朗らかに話していたのが、とても印象に残っています。

子どもたちは、成長していくにつれて、障害があるために悩んだり納得のできない思いを重ねたりしながら、障害者としての自分を見つめていくようになるでしょう。

障害というのは何なのか。

発達障害児は、以前は障害児ではなかった。けれども何らかの特別なニーズがある。その子どもの発達を助けるために、それぞれのニーズに配慮するために、新しく分類をした。

障害に分類されたから障害児になった。このように、何らかの定義があるから障害児・者なのであって、物理的また心理的な障壁があるから配慮が必要になる。障壁が取り払われれば、障害という定義も必要ではなくなるかも知れません。

障害とは相対的なもの。「差別を解消していく」努力が求められているのは、障害児・者に分類されている者もそうでない者も変わりありません。

子どもたちには、自分が障害者であるという意識を持つのではなく、自分のニーズに合わせて必要な配慮を得る。周りに別のニーズを持つ人がいたら、そのニーズに対し、自分ができる範囲で配慮をする立場になる。そのときは障害者というよりも、お互いに対等なひとりの人間です。そういう意識を持って成長してほしいと思います。

誰もが、状況が変われば配慮を受ける立場にもなるし、配慮をする立場にもなる。障害のない子どもも、高齢になって身体の機能が衰えてくれば、配慮が必要な立場になります。

すべての人が障害者権利条約の対象になる可能性があります。家庭で、障害のある子どもが成長して幸せになることも大きな目標ですし、同時に、両親やきょうだいも含めて40年後、50年後の自分たちがどうなっているかいろいろな可能性をイメージして家族で話し合うのもよいと思います。

第3章

社会とコミュニケーション

第3章
社会とコミュニケーション

1　社会・職場で

1-1　モデル無き社会

「あなたは優秀なエンジニアですよ」

異動したばかりの部署で、直属となった上司・伊勢谷部長が私にかけてくれた言葉でした。私を励まそうとして何気なく口にした一言だったと思います。ですが、この一言は、私に大きな力を与えてくれました。

私は、大手のＩＴ企業にＳＥ（システムエンジニア）として二十数年勤務していました。入社したのは、１９９２年、バブルが弾けたと言われる年で、キャリア採用の形でした。インターネットが普及し始め、ＩＴ技術の先端を行く企業では、エンジニアの一人ひとりが自分専用のパソコンなどの端末を持てるようになってきた時期です。

専用の端末で仕事ができるということは大きな強みです。画面に向かって情報を見ながらキーボードをたたいて仕事ができる。メールも使えるし、仕事の合間に調べものや勉強もできる。コミュニケーションの強力な助っ人にもなる。聞こえる社会で実力を発揮していけるはずだと意気込みをもって入社しました。

当時は、CDドライブを搭載したパソコンが市場にデビューしたばかりのころ。パソコンの前面にCDが勢いよく回ってディスプレイには鮮やかなカラーが映し出され、スピーカーから音声や音楽が流れ出す。その頃はモノクロの画面で、マウスもほとんど使わずにキーボードで操作するパソコンが主流でしたので、マルチメディアと呼ばれる新しい技術を駆使したパソコンはとても斬新でした。ソフトウェア開発の分野なら、プログラミングも多少の心得があるし、聞こえなくても健聴者と対等に業務をこなし、活躍できるチャンスがある。自分の実力を試したいという思いでした。

一方、健聴者の中にひとり混じって仕事をしていくことへの不安もありました。

いちばん怖いのは、「することがなくなる」ときです。職場でのコミュニケーションが成立できずに、誰とも会話もなく、出勤して退社するまで、仕事をまともにできないまま、無為のときを過ごさなければならなくなります。

聴覚障害者は、離職や転職が多いと言われます。飽きっぽい、気が利かない、周囲との協調ができないという見方をされることがありますが、コミュニケーションの壁に阻まれてひとり悩んだ末に退職や転職を選択する場合も少なくありません。

新入社員は、通常なら3か月の社員研修を経て、職場に配属され、最初はOJT（On-the-Job

Training（オン・ザ・ジョブ・トレーニング）を行います。

私は中途採用なので、入社式も研修もなく、初日からＯＪＴに入りました。配属された課の幹部社員やプロジェクトリーダーたちへの挨拶を一通り済ませたあとは、パソコン1台と課題を与えられました。周りは忙しく働き、活発にコミュニケーションが行き交う中で、何ひとつわからないままパソコンに向かう日々が続きます。

パソコンが普及してまだ間もないころです。ＩＴ企業だからこそ、専用のパソコン1台がある。ただ、社内ネットワークの整備はこれからという段階で、1台1台のパソコンは孤立した機材でした。パソコンを通して誰かと話すこともメールのやり取りもまだありませんでした。目の前にある、自分専用のパソコン。この画面だけが私のコミュニケーションの相手でした。

覚悟していたとはいえ、やはり周りは「異世界」でした。まして、キャリア採用ということで、中途半端な時期に入社したので、同じ新入社員の立場にある人もいませんでした。

上司や同僚がどういう人たちでどういう会話をしているのか。どんなときにどういう行動をするのか。いっさいの手掛かりがありません。見て聞いて覚えるというものがありません。モデルというものがないのです。聞こえない子どもは、成長していく過程でモデルとなる大人や年長者に恵まれないことがよくあります。通常は進学や就職などで新しい環境に入ったとき、先輩をモデルとして観察し、その環境の特性やどのような会話、行動が行われるかを理解し、身につけていきます。耳から入ってくる情報がなくモデルがない中で、周りの状況をたえず窺い、的外れなことをやらかしたり誰かの足を引っ張ったりなどしないように、常に緊張する毎日です。

自分で周りからいろいろな情報を盗める者が強い。自分から周りに働きかける行動力のある者が強い。聞こえない人の中にも積極的にアピールできるパワーを持った人がいますが、私にはそういう力はありませんでした。

とにかく、自分にできる仕事を確保しなければ。ＯＪＴを担当してくれた先輩に

「仕事がなくならないようにしたい」

と言うと、

「今社内で使われているＤＢ（データベース）の操作を覚えれば、とりあえず仕事が切れることはないよ」

と、彼は紙に書きました。

「では教えてください」

「いや、おすすめしません。このＤＢが扱える人は少ないから、今は重宝されて、どんどん仕事がくる。残業の毎日で身も心もボロボロになります」

それでも覚えたいと言ったのですが、

「今は新しいソフトウェアがどんどん開発されている。このＤＢを覚えるのに半年はかかるし、そのすぐ後には新しいＤＢに切り替わって、結局無駄になります」

と言って、教えてはくれませんでした。

ひとつ覚えたところで、技術はどんどん進歩するから、仕事の内容などすぐに変わっていく。今ある技術を覚えることにエネルギーを注ぎ込んでも、新しい技術に適応していかなければ、生き残っていくことはできない。常に新しい技術や情報にアンテナを立てていなければならない、そういう世界でした。

1-2 異世界の職場で

(1) 何をすればいいですか

「そこで何をしているの？」

私の前に立って厳しい表情で問いかけてきたのは、所属部署のトップである統括部長でした。説明しようと思いましたが、すぐに言葉が出てきません。「あの…」としか言えずに、次の言葉を探そうとしてどぎまぎする私を一瞥して、統括部長はイベント会場の方に歩き去っていきました。

入社して1年目、オフィスのフロアを借りきって製品披露のイベントが行われた日でした。当時所属していた部署がイベント準備、来客対応を担当することとなり、当日は朝から部署総動員で忙しく会場設営をしていました。イベントが始まるまでは、机を並べたり、配布資料を用意したりなど、具体的な作業があって割り当ても決まっています。自分の作業が終われば、ほかの人の手伝いをする。そこまではよかったのですが、イベントが始まる頃になると、ほとんど来客対応の仕事になります。接客は、聞こえない人にとって最も苦

手な仕事のひとつです。

受付の準備が整い、他部署や取引会社の人たちが入ってくる。私たちは、恭しくお辞儀をしてお迎えし、名前を記入してもらって、会場へご案内するのですが、そこは音声会話の世界。来客への挨拶や、スタッフ同士の会話が飛び交い、私は仕事を見つけることができませんでした。

「何をすればいいでしょうか」

と、部署のチーフに聞きましたが、彼女はそう聞かれても困るという表情で、

「じゃあ、そこにいて、お客様を誘導してください」

と言います。指示されたそこは、お客様の通り道。私はその場所に突っ立って、お客様の列が通り過ぎるのをただ見ているだけという格好になりました。誘導といっても、受付はすぐそこなので、特に何かする必要もありません。役立たずのでくのぼうになって、無能な自分が消え入るようにはずかしい、その場から消えてしまいたい、針のむしろに座っている思いで立っていました。そして、統括部長が私の前にきて、「そこで何をしているのか」と聞いてきたわけです。

あとから思い返すと、厳しい表情だったのか、それとも何気なく話しかけてきただけだったのか、はっきりしなくなってきました。針のむしろに座るという思いで立っていたから、そんなふうに厳しい問いかけに思えたのかも知れません。

「○○さんの指示でお客様のご案内をしています」などと答えることができればよいのですが、そんな気の利いたせりふはとっさに出てきませんでした。言えたとしても、通じなかっただろうなと思います。

それよりも、そもそも「何をすればいいですか」という聞き方がよくない。みんなが忙しく立ち回っている中、自分の仕事を考えてくれと要求することになります。何とかやれそうな仕事を見つ

けて「○○をやりますか」と具体的な内容を確認するのがいい。それ以前に、全体の作業計画を確認する段階で、自分の仕事がなくなることを予想して早めに相談するのがよい。自分が困った状況にならないように先手を打っておきたいものです。

聞こえないと仕事を見つけるのもつらいところですが、プロジェクトリーダーになってみると、プロジェクトメンバーに「何をすればいいですか」と聞かれたとき、状況を見て考えてほしいと思う場面も多々ありました。

(2) 聞こえる人も必死

仕事をしていくには上司や同僚の協力が必要ですが、まず自分がそれだけの信頼を作っていかないといけません。

聞こえない人の中で、「自分がきちんとしていないと、聞こえない人とはこういうものだと思われてしまう」と言って、後片付けや時間の管理をきっちりしている方がいます。残念ながら、ひとたび聞こえない人が信頼を得るに十分でないとみなされてしまうと、聞こえない人全般がそうであるように見られてしまう傾向があります。

コミュニケーションのずれが起きないようにと、何回も確認して作業を進めたのに、それが裏目に出るという経験を何回かしました。

あるとき、予算関係の資料の作成を依頼されました。作業を進めていくと、どうしてもよくわからないところがあり、依頼された担当者に繰り返し聞きにいきました。メールでやり取りするには資料が複雑なので、直接聞きに行ったのですが、担当者の話が早くて口話では読み取れませんし、私の発音もよく伝わらないようです。筆談で何回も確認を試みますが、聞くたびに少しずつ言うことが変わるようなのです。

資料を何とか期日に間に合わせ、提出する前に担当者の確認もお願いしました。その後、やはり訂正の必要な箇所があり、担当者は彼の上司から厳しく指摘されたようです。そして担当者が、私が勝手に解釈して資料作成したと説明していたことを、後になって知りました。自分の上司にそれを説明したところ、上司は「わかります。私からも反論しています」と言ってくれたのが救いです。

1-3　プロジェクトリーダーとして

(1)　理解ある上司との出会い

入社時の面接で、アピールポイントとして「マルチメディアを活かして聴覚障害者に役に立つツールを作りたい」と話しました。ＯＪＴの期間が終わって、マルチメディアのソフトウェア開発部隊に配属され、「手話学習ソフト」のプロジェクトを起こすことになりました。

手話学習ソフトは1年ほどで「手にことばを・入門編」というタイトルで発売され、このプロジェクトは終了しましたが、その後もゲームソフトや社内システムなどのプロジェクトを手掛け、プロジェクトリーダーを務めてきました。

入社したときは、プログラミングや資料作成のように、聞こえないことによるハンディを意識しないで済む仕事をもらっていけばよいと思っていたのですが、やっぱり現実はそこまで甘くありませんでした。プログラミングは主に若い人の仕事であって、中堅社員ともなれば、企画力、プロジェクトマネジメントのスキル、リーダーシップといったことが要求されてくる。新しいプロジェクトを企画するには、その必要性を示す情報を収集し、他のチームや他部門とも折衝し、コストや費用対効果を示すための数値を出していかなければなりません。

社内サイトやメールなどで多くの情報を目で見ることができるといっても、情報が膨大で、どれから見たらよいのかわからない。うっかり上司や同僚に聞くと、「えっ、そんなことわからないで仕事しているの？」と返されてしまいます。そう言われるのが怖いので、できるだけ聞かずに自分で調べようとすると時間がかかってしまいます。

そのように返されても、「あ、すみません」とにこやかに言って、メールやウェブサイトの文章がわかりにくいので確認したい、などとフランクに聞けるような関係づくりができればよいのですが。

毎日が異世界で手探りの日々、不安が消えることはなく、相談できる人もいませんでした。それでも、費用対効果の数値をない知恵を絞って計算したり、稟議書を通してくれない経理部門に直接掛け合いにいったりする中で、少しずつプロジェクト運営のスキルを身につけることができたと思います。

「あなたは優秀なエンジニアですよ」という言葉をくださった伊勢谷部長のところに配属されたときは、長いトンネルの出口が見えてきた思いでした。

伊勢谷部長は、早速、少しでも担当業務と関係のありそうなメーリングリストのすべてに私のメールアドレスを登録してくれました。私の端末には、一気に、リアルタイムに行われている活発なやり取りが流れ込んできました。伊勢谷部長は、自費で音声認識ソフトを購入し、会議のときにモニタに話の内容を表示できないかチャレンジしました。そのころの音声認識技術ではまともな文字変換ができず断念されたのですが、コミュニケーションをとろうとする熱意に、どんな言葉でも言い尽くせないほどに感動しました。

同じプロジェクトメンバーの協力もあり、打ち合わせなど必要な場面には手話通訳がつくようになりました。ほかの部署と連携して、ひとつのシステムをより大きく、深く成長させていくことの充実感。ほかの部署の企画で協力したプロジェクトが社長賞を受賞し、喜びを分かち合ったこと。私の担当するプロジェクト内容を論文にまとめ、大勢の社員の前で発表したこと。多くの経験をすることができ多くのことを学びました。

伊勢谷部長のもとでプロジェクトリーダーを務めた数年間は、私の会社生活の中でいちばん充実していたときでした。伊勢谷部長が退職された後は、そのチームは新しい上司のもとに移りました。新しい上司も理解のある人でした。伊勢谷部長と一緒に築いたチームの〝文化〟も一緒に受け継がれて、自信をもって仕事をすることができました。私が会社を離れた今も、聴覚障害のあるメンバーが日々の業務をこなしていることと思います。

ただ、伊勢谷部長のもとでプロジェクトを担当し、少しずつ仕事にやりがいが出てきたものの、会社という集団に「参加」できていたかというと、その実感はあまりなかったというのが正直なところです。

(2) 情報保障の目的

一昔前は、障害のある人間が「権利」を主張することに対して、厳しい見方が多かったように思います。「権利」という言葉は使わないにしても、実際に周りのことが分からず会話に加わることもできず困っている、納得のできない思いをしているということを言葉に出しては言えない雰囲気がありました。

障害者は自分の限界をきちんと自覚するべき。善意で接している周りの人々に対して不満や非難を言うな。甘えるな。私自身がいつも自分に対して言い聞かせていました。職場でも「人に迷惑をかけないように」という意識が強かったのですが、裏を返せば、失敗をおそれ、周りからマイナスの感情で見られることをおそれ、障害を補うために何が必要なのか、自分の意見や要望をはっきり言うことができないまま仕事をしていました。

障害者が職場で障害を補うための要望を言葉に出すのは、なかなかむずかしいことです。経済状況の変動が大きく、年々競争が激化し、企業はコスト削減や仕事の効率アップを社員に対して強く求めてきます。その雰囲気の中で、障害を補完するための配慮を求めることは、自分ひとりのために費用をかけたり、一分一秒もむだにできない時間を使って周りの人々に何らかの負担をかけたりしてしまうことになる。手話通訳をつけてもらう分、自分が努力して少しでも効率的に業務をこなしていかなければ、という義務感をもっていました。

今にしては、もっと肩の力を抜いていてもよかったかも知れないと思います。

情報保障の目的は、一言でいえば「参加」でしょうか。

会議や研修のすべてに手話通訳や文字通訳をつけたところで、チームのメンバーや他の社員との距離感がなくならなければ、「参加している」という意識はもてません。通訳をつけても、すべてが伝えられるわけではありません。

チームに他のメンバーと同等に参加することで、自分も含めたひとつのチームが成立する。そこが「ともに仕事をする」ことの出発点になり、戦力強化につながると考えれば、聞こえない社員のために通訳をつけるという考え方ではなく、全体のための情報保障になります。

そうすれば情報保障のあり方、そしてチーム内での協力や関わり方もまた違ったかたちになるかも知れません。

2　ともに仕事をし、ともに生きる

2-1　障害者雇用に関する法律

聞こえない人間は、常に不安と緊張の連続でストレスをためながら働いている人がほとんどです。企業はコストを極力減らし、業務効率化の徹底を求めてくる。聞こえる、聞こえないに関わらず、社員はストレスをためていく時代ですので、「聞こえないからって俺たちよりもストレスが大きいわけじゃない。みんなストレスを抱えているんだ！」と言いたくなる方が多いと思います。

聞こえる人が働く職場に、聞こえない人が入ってくる。そういうとらえ方をすると、聞こえない人のために、聞こえる人が何らかの犠牲を払うという意識になってしまうのではないでしょうか。聞こえる側も聞こえない側も、ともに仕事をしていき、職場の文化や価値観を共有していくこと。職場や会社、ひいては社会が一体となって、「ともに仕事をする」「ともに生きる」方向に向かっていくことが理想的です。

障害者権利条約の締約に向けて、政府は障害者制度に関する法律の整備を進め、集中的な改革を行いました。障害者制度改革の基本的な方針のひとつとして、障害を理由とする差別の禁止等の検討が行われ、「障害を理由とする差別の解消の推進に関する法律」(障害者差別解消法)が成立し、2016年4月より発効しました。また、厚生労働省は障害者雇用促進法を改正し、「障害者差別禁止指針」と「合理的配慮指針」を策定しました。改正障害者雇用促進法は、2016年4月より施行されています。

障害者差別解消法は、障害者基本法の理念にのっとって「障害を理由とする差別等の権利侵害行為の禁止」を基本原則とし、行政機関等および事業者を対象として「差別を解消するための措置」「差別を解消するための支援措置」について記述されています。

「障害者差別禁止指針」では、すべての事業主を対象として、障害者であることを理由とする差別を禁止し、事業主が適切に対処するための指針を示しています。

「合理的配慮指針」でもすべての事業主を対象として、「合理的配慮は、個々の事情を有する障害者と事業主との相互理解の中で提供されるべき性質のもの」とし、それぞれの障害に関する配慮内容がある程度具体的に書かれています。合理的配慮の提供の義務について、「事業主に対して

『過重な負担』を及ぼすこととなる場合を除くこと」とされていて、「過重な負担」がどのように判断されるのかということが、ひとつの注目点になるかと思います。さらに「合理的配慮指針事例集」という資料の中に障害類型別の具体的な配慮の事例が書かれていますので、聴覚・言語障害者への配慮に関する記述を一部紹介しながら、私自身が企業で仕事をしてきた経験から「ともに仕事をする」ために何が必要か考えてみたいと思います。

2-2　職場での合理的配慮

「合理的配慮指針」の別表において、聴覚・言語障害に関しては次のような記述があります。

【募集及び採用時】
・面接時に、就労支援機関の職員等の同席を認めること。
・面接を筆談等により行うこと。
【採用後】
・業務指導や相談に関し、担当者を定めること。
・業務指示・連絡に際して、筆談やメール等を利用すること。
・出退勤時刻・休暇・休憩に関し、通院・体調に配慮すること。
・危険箇所や危険の発生等を視覚で確認できるようにすること。
・本人のプライバシーに配慮した上で、他の労働者に対し、障害の内容や必要な配慮等を説明すること。

(1) 意思疎通

①担当者

仕事をする上で、上司やプロジェクトチームのメンバーとの意思疎通がうまくいっていなければ、業務は成り立ちません。

障害者本人がニーズを伝えることが基本ですが、周りに気を使ってしまうと、なかなか言葉にできないものです。業務指導や相談に関して担当者が障害者のニーズを聞くようにすることで、早期の支援体制を固めることができます。

多くの職場では、上司や同僚、人事部などから担当者を決めて、業務指導と相談対応それぞれに担当者を分けているところもあります。

聴覚障害者の心理的なケアのできる専門家がいるとよい。大企業であれば産業医がいますが、一度訪ねてみたものの、コミュニケーションが十分にとれず、ほとんど相談になりませんでした。また、部署内で聴覚障害者サポートの取り組みがある程度成果をあげても、他の部署や支社などと共有されにくい傾向があるように思います。

担当者の位置づけについて、社内のほかに、社外で聴覚障害心理に関する高い専門性を持つ協力者（心理カウンセラーや福祉の相談機関など）との連携も考慮されるとよいと思います。

②手話等の勉強会

朝会の前後や昼休みの時間を使って、手話の勉強会をしているところも多くありますが、業務が忙しい中、手話を使えるようになるのはなかなかむずかしいです。すぐに手話を覚えてくれる人もいますが、そもそも手話にあまり関心がないか、そこまで余裕のない方のほうが多いと思います。

手話がわからないからと遠慮してしまう人もいます。少しコツがつかめれば、口話でもある程度は会話ができるのに、手話がなければ話ができないという先入観を持ってしまうことが多いように思います。手話以外の方法で、どのようにコミュニケーションをとればよいか、またどのような場面で配慮してもらえるといいか。逆に、このような気遣いは不要、といったことを説明し、分かち合う機会が何回かあるとよいですね。

例えば、耳に口を寄せたりしない、声を張り上げたりしない、口の形が見やすい距離をとって下を向かずにまっすぐ相手を見てくれるとよいといった説明をして、わかりやすく話すコツがつかめると、意外にスムーズに会話できるようになる場合もあります。

③同じ障害者同士の交流

聴覚障害者は、コミュニケーションの壁があるために孤立しがちです。聞こえない人が複数いる会社であれば、健聴者の中にひとりだけおかれるよりは、聞こえない社員同士が交流をもてる環境があるとよい。同じ職場に集めるのがよいということではなく、適度の距離をおきながら、障害による課題を共有できることが理想的だと思います。社内で、「ピア・カウンセリング」を実施している会社もあります。「ピア」は「対等・仲間」という意味で、ピア・カウンセリングは同じ立場にある者同士、ここでは聴覚障害のある社員同士でカウンセリングを行うことです。

私の場合、上司の配慮からか、または効率化を考慮したのか、聴覚障害者だけのプロジェクトチームを運営したこともあります。確かにプロジェクト内でのコミュニケーションはスムーズかも知れませんが、そのチームが部署の中で孤立してしまうというリスクもあります。

コミュニケーションがうまくとれないとき、相手の反応で、相手を評価してしまうことがよくあります。相手の反応がわかりにくかったり、ポイントが伝わらないこともあるかも知れません。相手が理解できる力がないと判断してしまうのでなく、別の方法でなら「伝える」ことができるかも知れません。

④適正な評価

十分な情報保障をつけ、必要な配慮をした上で、業務への評価を公平に行うことも合理的配慮に含まれています。さらに、昇進・昇格についても障害者差別禁止指針に含まれていますが、実際に部長・課長クラスに昇進できている人はまだ少ないのが実情です。

重要な会議が増える、部下とのコミュニケーションに工夫が必要など課題はありますが、能力のある人に昇進の可能性が広がればと思います。

⑤業務時間外のコミュニケーション

業務内であれば、必要な対策を講じることもできますが、社内の人間関係は業務外、例えば飲み会や休日のレクリエーションなどで行動を共にして培われる面が大きいです。そのような場で本音を語ったり、親しく笑い合ったり、業務に関する裏話や秘話を聞けたりします。

私の場合、そのような場には、ほとんど参加することができませんでした。例えば職場の飲み会に参加しても、何を話しているのかわからない。自分でも話題を用意し、筆談用のノートと筆記用具を持参して飲み会に参加しても、話題は続かず、すぐ疲れてしまいます。翌日出勤しても、相変わらず「参加している」という実感の持てない職場で、みんなとの距離感が縮まることはほとんどありませんでした。

業務に関することなら、意思疎通支援を求めることはできても、業務外の場で求めることはできにくいものです。しかし業務外の場でのコミュニケーションが、「参加していくこと」の重要な鍵になることも多くあります。こういった場で支援するというＮＰＯ団体もあると聞いています。

(2) 業務をこなすための工夫

障害者差別解消法が施行されたからといって、すぐに何かが変わるわけではないでしょう。合理的配慮が正しく実施されていくようになるためには、聴覚障害のある立場で積極的に仕事に取り組んでいく姿勢がこれまで以上に重要になります。

①資料の活用

手書きの資料はほとんど見かけなくなり、パワーポイントなどのプレゼンテーションツールを使いこなして、印象的なプレゼンテーションを作成できる時代になりました。iPadなどのタブレットにも独自のツールが入っていて、携帯プロジェクタを持ち歩けば、いつでもどこでもプレゼンができ、打ち合わせに活用することができます。発話がうまくできなくても、音声で読み上げるツールも活用できそうです。

聞こえない側は、是非プレゼンツールを使いこなして、情報発信やアピールをしたり、打ち合わせでわかりやすく説明したりするとよいでしょう。

手話通訳がいるとき、資料と手話通訳の両方を一度に見ることはできません。資料やプレゼンの画面を見る時間と、話し手もしくは手話通訳を見る時間の両方が必要です。話し手の顔から眼をそらして資料を見ようとすると、「話し手を見てください」と言われたりする。資料も見ないとちゃんと理解できないので、資料を見る時間を確保したり、説明のときに画面を差し棒で示してもらったりするなど工夫します。

②調べる習慣をつける

必要な情報がわからないとき、上司や同僚に聞く前に自分で調べること。プロジェクトチームで、聞こえないメンバーにはいつも言ってきたことですが、自分でできる限り調べたり確認したりする。その上でやはり人に聞いた方がよいと判断するならば、聞きたいことを整理して明確に質問できるようにすること。相手にわかりやすく表現することで、相手の時間を必要以上に取らせなくても済みますし、自分も理解しやすくなります。

インターネットや社内ネットワークなどの検索システムが使えるなら最大限に活用する。言葉の意味もインターネットで確認できます。

調べるのも大切　チーム内共有も忘れずに

③情報収集・交換

自分の業務に関する情報には常にアンテナを立てておきましょう。インターネットには日々新しい情報が出ますし、文字の読み書きの力があれば障害に関係なく、その分野の専門家や研究者の考えに触れたり、交流をもったりする機会をつかむことも不可能ではありません。

分野によっては聴覚障害者団体で学ぶ機会が得られるものもあります。例えば、コンピュータ関連では、特定非営利活動法人日本聴覚障害者コンピュータ協会で定期的に最新技術について講演を行っています。全日本ろうあ連盟や地域の聴覚障害者団体などで情報が得られる場合もあります。自分のポリシーに合わせて、うまく活用していきましょう。

(3) 気になる用語

①手話通訳と要約筆記

厚生労働省のサイトには、「意思疎通支援」のページがあり、2013年4月に施行された障害者の日常生活及び社会生活を総合的に支援するための法律（障害者総合支援法）や、関連法規についてまとめられています。

> 障害者と障害のない人の意思疎通を支援するため、平成25年4月に施行された障害者の日常生活及び社会生活を総合的に支援するための法律（以下、「障害者総合支援法」という。）等において、意思疎通の支援を行う者の派遣や養成等を行う制度として「意思疎通支援」を規定しています。

「障害者総合支援法」では、意思疎通支援の具体的な内容は書かれていませんが、厚生労働省は、「地域生活支援事業における意思疎通支援を行う者の派遣等について」という通知を行っており、聴覚・言語障害者の意思疎通支援を行う者として「手話通訳者及び要約筆記者」という記述をしています。

「要約筆記者」という呼び方には議論があって、要約というと、話や情報の内容をわかりやすくまとめて伝えるということになります。例えば、講演者の「え〜」という口癖とか言い直した部分など、意思疎通支援者の判断でそぎ落とされてしまいます。私としては、そぎ落とされた部分にこそ知りたい情報が含まれているかも知れない、その判断は私たち自身がするのだという意識を持っています。「要約筆記者」ではなく「文字通訳者」という言い方をしている団体もあります。「要約」ではなく、「すべての」情報を知ることがゴールなのであって、それに向けて可能な限りすべてを伝える文字通訳であるという考え方です。

一方で「要約」して肝心な部分をわかりやすく伝えてほしいという考え方もあります。

また、「意思疎通支援」は手話通訳と要約筆記に限られてしまうのか、という疑問も出てきます。聴覚障害者の中には、手話を知らない人もいますし、口話と文字を中心に支援してほしい人も少なくありません。

国連の障害者権利条約では、「意思疎通」について次のように定義しています。

「意思疎通とは、言語、文字の表示、点字、触覚を使った意思疎通、拡大文字、利用しやすいマルチメディア並びに筆記、音声、平易な言葉、朗読その他の補助的及び代替的な意思疎通の形態、手段及び様式（利用しやすい情報通信機器を含む。）をいう。

障害者権利条約のもと、日本で定められる関係法律も、個々のニーズに合わせることのできる意思疎通支援の体制を実現できるものであってほしいと思います。

②複合的な差別

国連の障害者権利条約第６条に「障害のある女子」という条項があり、「障害のある女子が複合的な差別を受けている」という記述がありました。私の職場では活躍している女性が多く、女性であるための不利な立場について、あまりじっくり考えたことはありませんでした。考えてみますと、私が昇格したときに受けた研修は、１００人ほどいた中で女性は2人だけでした。また就職した当時は、女性の深夜残業は禁止されており、深夜まで仕事せざるを得なかったのに、手当はなく始末書まで書かされたこともありました。

このような状況は、女性が高い意識をもって改善のために活動してきたという背景があり、20年ほどの間に大きく改善されてきました。しかし業種や地域によってはまだ根強く残っているところもあるでしょうし、これまで経験した数々の「どうにも納得いかない」思いの中には、女性であるという要因もあったかも知れません。

③負担が過重でないとき

事業主の場合、障害者差別解消法8条2項に「その実施に伴う負担が過重でないときは、障害者の権利利益を侵害することにならないよう、当該障害者の性別、年齢及び障害の状態に応じて、社会的障壁の除去の実施について必要かつ合理的な配慮をするように努めなければならない」とあります。

つまり、会社のできる範囲で努力するということになるのですが、何ができる範囲なのか。会社としては聴覚障害者に意思疎通支援を行うように努力しているけれども、コスト面や人材などの面で困難だからできない、という言い方もできますし、重い障害者は雇用を避けてしまうということもあり得るでしょう。「努力義務」で、どこまで改善されるか気になるところです。

2-3 コミュニケーションでつながる出会い

(1) 筆談を武器に

聞こえる人も聞こえない人も、仕事ができる人は自信を持っています。

自信を持つことができる、それはどういうことでしょうか。周りの状況や人の言うことに流されない、自分というものをしっかり持っている、ゆるぎない自己が確立されている、といったイメージがありますが、本人にしてみれば、自信を持てない自分と常に戦っているという人もいます。

聞こえない イコール コミュニケーションがむずかしい。その先入観をひっくり返してくれるろう者にしばしば出会います。

■斉藤里恵さんは、東京都北区の議員

手記「筆談ホステス」で一躍有名になりドラマにもなっていますので、ご存知の方も多いと思いますが、ご本人は気さくで礼儀正しく、自分のご意見をはっきりと話される方です。

接客は、聴覚障害のある者にとって、もっとも苦手な仕事のひとつです。コミュニケーションのむずかしいろう者にとって、お客様への対応ほど緊張する場面はありません。

斉藤さんは、筆談という会話手段を強い武器として使いこなし、多くのお客様の心をつかんできました。

筆談は私は手が疲れるし、相手の文字が読みにくかったり、時間がかかったりして面倒だと思うことが多いのですが、斉藤さんは筆談のもつ魅力を引き出し、多くのお客様を魅了してこられました。

(2)　目をつぶってリラックス

エステ、マッサージ、歯の治療、黙祷など、一見関連の薄い単語が並んでいますが、これらに共通することは何でしょうか

「目をつぶる」ということです。目をつぶらなければならない状況は、大変不安なものです。目からも耳からも情報が入らなくなるのですから。聞こえない女性も、「きれいになりたい」もの。エステで顔をピカピカに磨いてみたいと思っても、会話することを考えるとけっこう敷居が高いものです。たまに勇気を出して行ってみると、何をされるのかよくわからず、リラックスできないま

ま帰ってきたりします。

■山本さんは、手話のできるエステティシャン

都内でエステサロンを営み、その魔法の手で私たちを心からリラックスさせてくれます。

大阪で生まれ育ちとても社交的で素敵な方です。喫茶店を経営していましたが、40代のころ東京都内に移ってきました。関東での生活に慣れてくると、もともとエネルギーあふれる方ですから、やはり新しいことを始めたい、自分にできることを見つけたいという思いがわき起こってきます。

ある日、山本さんは地域の情報誌で手話講習会の案内を見つけました。手話をやってみようかな、そんな軽い気持ちで、手話講習会に応募してみました。手話の勉強が始まり、互いに自己紹介をするときに「エステをしています」と話をしました。まだ開業はしていませんでしたが、このときの自己紹介が開業のきっかけになりました。

手話講習会が縁で、聞こえない女性が安心して通えるエステサロンが実現しました。山本さんはアパートの一室を借り、エステサロンを開業しました。手話講習会で教わった講師の女性やその友人が通い始め、さらにその友人が山本さんのサロンを訪れる、そんなふうに輪が広がって、私もその輪に加わります。

コミュニケーションも安心だし
目をつぶってリラックス♪

手話を覚えてよかった、と、山本さんはしみじみと言います。

その山本さんからエステ施術を学び、開業したろうの方もいます。エステを受けて体の芯からリラックスできるだけでなく、聴覚障害者の職域をひとつ開拓することにもつながりました。

(3)　手話の魅力

■中島さんは、都内で活躍する手話通訳士
きっかけは、息子さんのクラスメートのひとりに、聞こえないお母さんがいたこと。

中島さんは私と同じ大学で1年違いの先輩ですが、専攻も違っていて、大学時代には出会うこともありませんでした。キャンパスのどこかで接近遭遇しかけたこともあるでしょうし、私が受講していた講義の手話通訳もひょっとしたら目にする機会もあったかも知れません。

ですが、聴覚障害者との「出会い」はそのお母さんが最初でした。「手話」というコミュニケーションに身近に接するようになって、その魅力に心惹かれたそうです。

私は「手話は使わない方が良い」と思い込んで育ってきましたので、その思い込みをなかなか払拭することができず、手話そのものの魅力を感じ取るには、自分が手話を使うようになってからも、かなりの年月がかかりました。今でもまだ、手話に魅入られた健聴者の方々から、手話の魅力を教えられることが多くあります。

■聴覚障害者ツアーを支えてきた片岡さん
片岡さんとの出会いは、私が人生初の海外旅行に出かけたときです。

旧ソ連、ザグレブ、ユーゴスラビアを巡り、スウェーデンからロンドン経由で帰国しました。これらの国々における聴覚障害児教育の現状視察という目的のツアーで、聾学校の授業風景や、職業訓練の様子などを見学させていただきました。ユーゴスラビアを訪問したときに20歳の誕生日を迎え、新緑の映えるドナウ川の岸辺で祝っていただいたことも、忘れられない思い出のひとつです。

そのときの添乗員が片岡さんでした。

片岡さんは長い間旅行会社に勤務しているときに多くの聴覚障害者ツアーを担当し、数えきれないほどの聴覚障害者に出会ったと言います。

海外旅行ですと、数日から10日以上の日程で、昼夜数十人の聴覚障害者と行動を共にすることになります。

「ろう者」「難聴者」といった括りはあっても、一人ひとりがコミュニケーションに求めるものは少しずつ違っています。お客様それぞれがツアーを楽しみ、かつ安全に全旅程を終えるために、添乗員としての苦労は並大抵ではなかったことと想像がつきます。

片岡さんは旅行会社を退職したあと、手話劇団で活動したり、ミュージカルにも興味を持ち、歌、ダンス、演技の勉強も楽しんでいるそうです。

「社会のリーダーとして活躍する聴覚障害者のサポートをしたい。みなさんの絆作りのお手伝いができれば幸いです」と語っています。

片岡さんご自身が手話と出会ったことで多くの出会いにつながり、人生観も変わられたことと思いますが、その片岡さんとの出会いで、また人生が変わっていく聴覚障害者もきっとたくさんいるでしょう。手話の魅力を深く知り、コミュニケーションを何よりも大切にする健聴の方との関わりから出会いの連鎖が広がっていく、とても素敵なことです。

第4章

ICTへの期待

第4章

ＩＣＴへの期待

1　飛躍的な進歩

1-1　メールのできる携帯端末

満員に近い電車の中、座席は全部埋まっています。座っている人たちも立っている人たちも、多くが手に持った小さな画面に見入っています。仕事の帰りで疲れているのか、こっくりこっくり船をこいでいる中年の男性の手にもスマートフォンが握られています。

ポケットに入れたり、片手に握ったりしたまま、手軽に持ち歩きできる小さな機器。重たいパソコンを開かなくても、長いＬＡＮケーブルを床に這わせなくても、いつでもどこでもメールのやり取りができるという、夢のような話が実現したのは、20世紀の終わりごろでした。さっそく聞こえない仲間同士でメールのできる携帯を手に入れ、メールのやり取りに夢中になりました。

みんなで渋谷に飲みに行こうという話になって、渋谷のパルコとかどこそこで何時に待ち合わせしましょうという約束をする。その時間に間に合うように家を出る。電車に乗ると、仲間のひとりからメールがきます。

『今、山手線に乗っていて、品川を出たところだよ』

『私もいま品川出て山手線に乗ってるよ。もしかして同じ電車？』

『何両目？』

そんなやり取りをしながら車両を移動していくと、その仲間に出会う。以前ならファックスしか連絡方法がなかったのに、外に出ていて連絡が取りあえるなんてすごいツールが登場したものです。携帯メールの出現は、私たちみんなの生活をがらりと変えました。電話ができないという不便さを大きく軽減し、ＩＣＴの進歩は、この短い間に、実にたくさんの夢を実現させてくれました。

1-2　音声認識

音声認識は、文字通り、人間が発声した会話をコンピューターが認識して、文字列に変換するというシステムです。人の会話が、１００％正しく、それも瞬時に変換して文字列として表示されるのであれば、私たち聴覚障害者にとってどんなに強力なツールになることでしょうか。

いつも持ち歩いているスマホが、周囲１ｍ四方ぐらいで発声された会話を常に文字に変換して表示してくれるとしたら。

スマホに文字を表示する方法だと、視線をスマホの画面に向けないといけないので、自然な会話になりにくいですね。相手の顔を見たり視線を合わせたりすることも会話の一部ですから。文字を見るためのメガネをかける、またはコンタクトレンズに文字を読める機能を持たせるようにすれば、相手の顔を見ながら話ができます。いっそ大脳の視覚野に直接データを送り込んだりして。そこまで言うなら、音声情報を聴覚野に直接送り込めば良さそうなものですね。

それだけではなくて、コンピューターが私の不正確な発音を認識してくれるようになれば、私に合わせて学習させ、スカーフとかブローチにでも音声認識装置をつける。そして私の声を認識させて、だれにでも通じる正しい発音に変換してくれれば、会話ができるようになります。

音声認識の研究は、コンピューターが普及し始めた１９７０年代から行われていて、２０００年ごろには、ドラゴンスピーチという音声認識ソフトウェアも商品化されています。

個人の声を登録して学習させるもので、じっくり使いこなしていけば徐々に認識率も上がっていくというふれこみのソフトウェアです。

ソフトウェアに個人を登録して、その声のパターンを学習し、正確な音声認識を育てていくという考え方で開発されていましたが、今はインターネットを介して得られる多数の音声データの蓄積からより正しい音声認識結果を出していくという仕組みに変わっていきます。

iPhoneやiPadには、この仕組みを利用したSiriという音声入力のアプリがついていて、コマンドを音声入力したり、検索したりできるようになっています。これをうまく利用すれば、これまで参加できなかった場面に参加できる機会を増やすことができそうです。

例えば尊敬している作家の講演会とか、地方の温泉に旅行に行ったとき炉端を囲んで地元の昔語りを聞くイベントや、素敵なタペストリーやマルチカバーを作るパッチワークの講習会など、心惹かれて参加してみたくなることがよくあります。自分の仕事に関係のあるセミナーにも積極的に出て情報集めをしたいこともあります。

そのためには、講演会やセミナーの主催者に手話通訳または文字通訳を用意するよう掛け合うか、自分で手話通訳のできる知人を見つけるなど事前の準備が必要になります。

また事前に手話通訳を用意できない場面、例えば病院での家族の付き添いのときに看護師さんにいろいろ聞きたいとか、買い物をしていて目的の品物について店員さんに相談したいといったようなとき、相手の口元にマイクをおいて、自分の手元にあるスマホに文字が表示されれば便利です。実際にそのようなアプリもあります。

音声認識の技術を使って、聴覚障害者が職場で会議に参加できるツールを開発する試みがあります。端末から入力された音声がインターネットを介すると、企業では社外秘情報の漏えいにつながることを懸念して、イントラネット内に閉じたネットワークの中か、あるいはパソコン内に音声認識エンジンをインストールして、インターネットから切り離した環境の中で処理したいと考えます。精度の高さを期すればデータのセキュリティに不安がある、セキュリティを守れば精度が落ちるというジレンマがあります。

音声認識の技術が進んで、会話が正しく文字列変換されるようになる日が来るとき、また新たな課題が生まれてきます。

おそらく、音声入力の手軽さから、今はキーボード入力で行われているチャットが音声入力に移行していくでしょう。そうすると、正しい発音のむずかしい私には、音声ベースのチャットについていけなくなりそうな予感がします。実際、ネットワークゲームではスカイプを使った対戦もあって、スカイプを使えない環境の人は手入力で参加するのですが、音声でのやり取りに到底かなうわけもありません。

メガネ型などのウェアラブル端末に字幕を表示するシステムも開発されています。メガネをかける形だと頭が痛くなりそうですが、からだに装着しているという重みを感じることなく、自然に字幕が目の前に浮かんでくるような感覚だといいですね。

1990年代のパソコン通信や携帯メールの出現のように、まったく思いがけない新しい技術が開発されて、また私たちを驚かせてくれるかも知れません。新しい次の時代がどうなるのか楽しみです。

2 出会いを広げるネットワーク社会

2-1 コミュニケーションの壁を超える

四角四面のパソコン画面に、世界中を結ぶネットワークにつながる情報が目に見える文字として映し出されるとき。それは映画界において1900年に初めて音声と映像が同期する「トーキー」が上映されたとき以来のインパクトだったのではないでしょうか。

それまで映画は、映像の横で活動弁士が内容を語りで表現するという、「サイレント」と呼ばれる無声映画でした。映画の中の女優さん自身の魅力的な声が映像と一緒に流れ出てくる。いかに、映画を観る人たちの心を震わせたものだっただろうかと想像しています。

とはいえ、かの有名な喜劇役者チャップリンはトーキーの普及を嘆き抵抗したといいます。独特のパントマイムが素晴らしい芸術を生み出していたのはサイレントならではのこと、トーキーの波におされてサイレントが廃れていく。新しいものが生まれれば、その新鮮さ便利さに押されて、古いものはやがて、独特の持ち味とともに消えていきます。

今、聴覚障害者の生活とインターネットとは切っても切り離せない強い関係にあるといえます。「インターネット」を利用している感覚はなくても、携帯やスマホの電子メール、情報収集のための検索や時刻表、マップ、ＳＮＳなど、インターネットの恩恵を受けているものです。

１９８０年から１９９０年代にかけて広がってきたパソコン通信の流れから、インターネットへと切り替わり、ネットワークはあっという間に普及していきます。ネットワークは聴覚障害者のコミュニケーションの場を飛躍的に広げ、職場環境を改善し、それまで気づかれることもなかった多くの可能性を一気に引き出していきました。

私が初めてネットワークの世界に触れたとき。それは新しいコミュニケーションに参加できるという感激でした。パソコンにモデムを接続し、パソコン通信の世界に入ったときの衝撃は、手話に出会ったときに匹敵するほどに大きなものでした。コミュニケーションに制約のある自分が、ネットワークの中では聞こえる人とまったく同じ立場で、文字でコミュニケーションができるのですから。

１９８０年代後半のパソコン通信の時代に、大手のパソコン通信ネットワークがいくつかありましたが、その中でも、ＮＥＣが提供していたＰＣ‐ＶＡＮと富士通&日商岩井がライセンスを折半して提供していたＮＩＦＴＹ　ＳＥＲＶＥが多くの利用者を集めていました。このサービスは、趣味ごとにＳＩＧ（シグ）またはフォーラムと呼ばれるグループがあり、好きなＳＩＧやフォーラムに参加して、掲示板やチャットを楽しむというものです。

今のＳＮＳやツイッターは、一人ひとりの情報発信がベースになっていますが、当時のパソコン通信は、共通の趣味や関心ごとを持つ人たちが集まってグループを作り、その中で情報交換や交流を行うという形が中心でした。

Windowsもまだ一般的ではなく、ほとんどテキストだけの、しかもモノクロの画面でキーボード中心に操作していました。黒い画面を緑色のテキストがずらずらと流れていく。その時代のパソコン通信は文字通り文字だけのコミュニケーションでした。

2-2　異なる障害者同士の交流

ＰＣ‐ＶＡＮにもＮＩＦＴＹ　ＳＥＲＶＥにも身体障害者が立ち上げたフォーラムがありました。ＰＣ‐ＶＡＮは「ハンディコミュニケーションＳＩＧ」、ＮＩＦＴＹ　ＳＥＲＶＥは「障害者フォーラム」という名称でした。

私は、主にＰＣ‐ＶＡＮのハンディコミュニケーションＳＩＧ（以下、ハンディＳＩＧ）に住み着いていました。日本中から様々な障害の方が参加していました。音声読み上げ装置を利用してチャットで自由自在に会話する視覚障害の女の子。事故で両手を失い、足でキー入力するＳＩＧの会長さん。電動車いすに乗り、会話用の文字盤を膝にのせてどこにでも出ていくバイタリティに満ちた脳性麻痺の青年。

パソコンを立ち上げて掲示板でメッセージをやり取りし、チャットで文字だけの会話を楽しみ、仲間同士の交流に夢中になりました。文字だけの会話でも、それぞれの個性が垣間見えて、相手はどんな顔をしているのだろう、どんな人なのだろうと想像を楽しんでいたものです。

やがて画面上だけでの交流では物足りなくなり、住まいが比較的近くにある仲間同士で会ってみようということになります。パソコン上での会話をオンライン、実際に顔を合わせて交流することをオフラインといっていました。オンラインでは掲示板やチャットで親しく会話していても、実際に会ってみると、やはり現実にはコミュニケーションギャップがあることを思い知らされたものです。

ハンディＳＩＧで実現した大きなオフラインのひとつが北海道オフでした。関東や関西、九州など全国各地からハンディＳＩＧのメンバーが集まり、お互いに助け合いながら札幌市まで移動しました。当時のＳＩＧの会長さんが北海道旭川市の在住で、ＰＣ‐ＶＡＮのフォーラムのひとつ、北海道ボードのメンバーがボランティアで協力してくれたものでした。

札幌市内のホテルで、様々な障害のあるメンバーが顔を合わせました。

視覚障害、聴覚障害、肢体不自由、内部障害、こころの障害など。

ハンディを持つ者同士で助け合うといっても、その基盤にはやはりコミュニケーションがある。日頃パソコン通信で親しく会話をしているもの同士が現実に出会うと、どんな壁にぶつかることか。

全盲のＭさん。彼女が指文字で会話を始めたのにびっくり。聞けば、文字だけのチャットを音声読み上げ装置で聞き、指文字の表し方を説明してもらいながら練習したのだと言います。私を驚かせたくて内緒で覚えたそうです。

脳性麻痺のＳさんやＫさん。パソコンをつないで即席チャットで互いに会話します。その辺のカフェやファミリーレストランに入ると、席に座るやいなやノートパソコン同士を直接ケーブルでつないではキーを叩き始める。場所を占有するので、お店の方には迷惑をかけたかも知れませんし、周りの目を引いたと思いますが、そんなことはお構いなしで会話に夢中でした。

脊椎の障害があり、仲間同士で外出した経験が少なく不安そうだったTさん。思い切って参加してくれて仲良くなりました。私の言うことは聞き取ってくれ、彼女の話はほとんど筆談してもらいます。

K坊という20代の青年がいました。小柄な身体で電動のリクライニング式車いすに寄りかかるように座り、五十音文字を入力する装置を膝にのせていました。あいうえおの読み書きを覚え始めた4、5歳の子ども向けの学習機器です。文字盤から入力して2行ほどの液晶に表示されるし、スピーカーボタンを押すと文章を読み上げてくれるというなかなか便利なものでした。

両腕にも麻痺があるので、目的のキーに指を持っていく動きもスムーズなものではありませんでしたが、自分の思いを少しでも伝えようと一心にキーを追うK坊の姿は今も心に焼き付いています。K坊が文字盤に読ませた「ぼくたちは家の中にこもってないで、どんどん外に出て行かなければだめだ」という言葉が印象的でした。

北海道オフの後、障害は様々でもみんなで協力して楽しくコミュニケーションできるし、助け合えば行動範囲を広げられるじゃないか、と意気込み、何回もオフラインを計画したり旅行に出て行ったりしたものです。

ネットワークを介して、障害の有無にかかわりなく、多くの人との出会いがある。障害という共通点を通して知り合った人も多いし、障害があることをわざわざ知らせなくても、チャットやメールなどでの会話から友人になれた人もいます。

パソコン通信は、NECや富士通といった企業が単体で運営していた「閉じた」ネットワークでしたが、インターネットの普及とともにＰＣ‐ＶＡＮもＮＩＦＴＹ　ＳＥＲＶＥも消えていきました。ハンディＳＩＧで出会った多くのメンバーは、今もネットワークの黎明期にそれぞれが見せてくれたパワーを発揮し、自分の人生を生きていることと思います。

2-3　情報の波に乗る

今やネットで人がつながるのは当たり前の時代になりました。仕事にも教育にも日常生活にもインターネットは、人間のからだの隅々まで張りめぐる神経網のように浸透しています。

しかし一方で、インターネットが世界中をつなぐ巨大なネットワークに成長していくと、貴重なはずの人と人とのつながりが負担になる面もあります。

２００４年に株式会社ミクシィ（当時は株式会社イー・マーキュリー、２００６年に商号を変更）がソーシャルネットワーキングサイト「mixi」のサービスを始めていますが、このあたりから私はネットを通した人間同士のコミュニケーションへのストレスがたまるようになってきました。

毎日のように何十通と入るメールやメッセージのすべてに目を通し、必要なものには返事をする。時間がとられるし、すぐに返事できないと相手の気持ちも気になってしまう。mixiなどは自分がログインした時間までがわかるようになっている。人との出会いのチャンスが少ないなどと嘆くことからみると、いかにも贅沢な悩みという気もしますが、「人との出会い」の価値は、メールのやり取りの量や会話している時間の多さにあるのではないはずです。

また、画面を通したコミュニケーションは、相手の姿が見えていないことや、自分の考え、感情を一方的に書き連ねてしまうこともあり、そうした言葉は強い毒をもって突き刺さってくることもあります。逆に、自分が考えて書いたつもりの言葉も相手を傷つけているかも知れない。そういった恐怖感が強くなってきて、メールを開いて読むことができないという時期もありました。

今、スマートフォンが浸透して、小学生の子どもから高齢者の方々まで使いこなし、電車でも店でもレストランでもスマホをのぞき込む姿が目立つようになりました。特にLINEは、高校生が毎日夜遅くまでLINEのやり取りに追われ、強いストレスのもとになっているケースが増えているといいます。

FaceBookもそうですが、ネットワーク上の「友達」の「友達」、またその「友達」までがつながり、相手に知人の情報が見えるようになります。まったく思いがけない旧知の人とつながる嬉しさもあるのですが、ほとんど疎遠になっていた知人の名前の一覧が出てくる。それが、自分と「友達」になった相手にも表示されています。

「個人情報」の扱いが問題となり、自分の情報に過敏になる人もいる一方で、SNSが広く利用されていることに、少し困惑しています。

人と人とのつながりということと別に、ホームページやWikipediaなどでたくさんのニュースや情報にアクセスすることができるようになり、誰でも発信ができます。ちょっと調べてわかったことを自分の考察を交えてブログに書くと、その情報が注目されて本人の知らぬところまで流れていたりします。

さらにネットの恐ろしさを実感する象徴的な出来事が、最近、2件ありました。ひとつはSTAP細胞、もうひとつは東京オリンピックのエンブレムです。注目度が高ければ高いほど、ネットワークの中でいろいろな情報が飛び交って、またたく間に拡散する。特にSTAP細胞関連の報道の流れをみていて、思い出した言葉があります。聖書の中の一節です。

「あなたがたのうちで罪のない者が、最初に彼女に石を投げなさい」（新約聖書　ヨハネの福音書8章7節）

旧約聖書では、モーセの律法により、姦淫罪を犯した女性は石を投げて打ち殺されなければならない。そうした女性がイエスの前に連れてこられたのに対し、イエスが答えた言葉です。

ＳＴＡＰ細胞にしてもエンブレムにしても、本当に不正や過ちがあったのかどうかは私にはわかりません。何らかの不正があったのであれば、それは正されなければならないのですが、ひとたび攻撃の対象としてさらされると、あっという間にあることないことが情報として拡散し、当人の主張が押し流されて見えなくなります。個人個人がひとりでは口に出せないようなことでも、ネットワークの巨大な波に紛れて、どんなことでも言えてしまう、大きな凶器となりえるという状況はとても怖いと思います。そこにはもはや「コミュニケーション」と呼ばれるものはありません。

何が事実で何が推測なのか、何が正しくて何が偽りなのか。それを見分けていく姿勢が必要です。本当のことを見極めるのはむずかしいことですので、うまく処理できずに情報にのまれてしまう危うさがあります。耳の聞こえない者は、目で見ることのできる情報に頼りがちですが、教育の場や家庭でも、物事の真偽を見分ける目を養っていくことに力を入れていってほしいと思います。

3　ICT技術の活用

(1)　テレビの字幕

今のテレビは、多くの番組に字幕がつきます。リモコンで「字幕」のボタンを押すと、字幕表示のon/offを切り替えることができます。生放送のニュース番組やスポーツの中継などの多くにも、リアルタイムで字幕が表示されます。

一昔前は、字幕表示がなく、テレビドラマを楽しむことはほとんどありませんでした。ニュース番組はテロップを見ておき、翌朝の朝刊で確認することが多かったです。文字アダプタを購入して（あるいは福祉制度で支給してもらって）、対応番組だけをいくつか見ることができたのですが、字幕のついている番組はわずかでした。

今は、字幕のついていない番組を探す方がむずかしいほどで、ドラマやニュース番組にはほとんどと言っていいほど字幕がつきます。

生中継でリアルタイム表示されている字幕は、時折、変換のまちがいがあったり、CMのタイミングで字幕の文章が途中で切れてしまったりすることがありますが、これらの字幕は、入力担当者が今この時間に、音声を追いかけて驚異的なスピードでタイピングしているのだということを思い起こさせてくれます。ひとりで全文をタイピングしているわけではなく、複数の方々が、入力された文章をすばやく修正したり、話の区切りでタイミングよく次の文章入力をつなげたりして巧みに連携しています。

　誤字が思わぬ誤解につながる可能性はゼロではないし、文章を短時間で読み取ることのできない聴覚障害者も少なくないことから、字幕表示のあり方について聴覚障害者関係の団体ではいろいろと議論がなされています。

(2)　手話アニメとロボット

　手話は空間を使い、動きのある言葉。どのようにして記録し、いつでも見ることができるようにするにはどうしたらよいのでしょうか。

　手話を学ぼうというとき、実際に手話を使うろう者とできるだけ会話をするのがいちばんの近道です。何回か手話教室に通って、手話を学んでも、あとになればだいたい忘れてしまう。細かい動きや形があいまいになってしまう。どのようにして手話をしっかり覚えることができるか。いろいろと工夫されてきました。

　一昔前は、ビデオに撮ってテープに録画する方法。そうすると復習したいときにいつでも繰り返し見ることができます。ビデオをパソコンやタブレットで見られる形式に変換して、ＤＶＤに焼き付けたり、パソコンで再生したりすることもできるようになりました。

　動画を再生する方法ですと、パソコンを立ち上げて操作しなければならず、いつでもどこでもというわけにはいきません。

　またビデオ動画だと、誰がモデルになるのか、モデルになった人の肖像権やモデル料はどうするのか。ＤＶＤ制作には、モデルになる人の承諾のもと相応のモデル料を支払いますが、地域などで伝統的な手話表現を集めて記録したい場合もあります。また、手話にはその人の個性が表れて微妙に表現が違うこともあります。

ビデオを見てイラストに書き起こし、紙に印刷して本にしたり、どこにでも持ち歩ける薄いパンフレットの形にしたりする工夫もなされています。イラストにすると、手の形の変化や動きの速さなどのニュアンスをうまく伝えることができません。前から見た形、横から見た形の両方が必要になる場合もあります。

肖像権の問題を解決し、より正確な手話表現をわかりやすく伝える試みとして、手話アニメーションの技術が開発されています。主に日立製作所の手話アニメが主流になっていますが、この手話アニメソフトのライセンスを購入して、手話アニメ制作に取り組んでいるチームがあります。

函館市の兼平さんは、早くから日立の手話アニメ技術に着目し、地域のろう協や公立はこだて未来大学の協力を得て、コツコツと手話アニメを制作してきました。今は１５００語ほどたまり、手話学習システムとして構成する下準備は整ったそうです。あとは、手話の由来がわかるように解説文を入れて手話アニメを実際に多くの人に見てもらい、わかりやすさ、正確さをより完ぺきにするべく調整を加えていくといいます。

また兼平さんは、手話アニメを使った防災システムの構想も持っています。緊急時に聴覚障害者はどのようにして情報を得ることができるのか。情報をどのようにして目に見える形にするのか。地震と火山の国日本に住む私たちにとっては、なるべく早く実現してほしいシステムです。

兼平さんとの話の中で、ロボット談義にも花が咲きました。

手塚治虫の漫画の中で鉄腕アトムが生まれた年は、すでに過去の数字となっています。現実にはアトムはまだいないけれど、可愛い顔の小さなロボットや、人間そっくりのアンドロイドはぼつぼつ登場してきました。

ロボットとの会話も可能という。ならば聴覚障害者との会話はどうだろうと気になるところです。アンドロイドの口の形を見ていると、パクパクはしているけれど、きれいな口形にはなっていない。手話のできるアンドロイド、胸に字幕を表示できるモニタをつけたロボットなどの検討も進められていると思いますが、口形をきれいに作れる機能もぜひ一緒に開発してほしいものです。

音声認識が進めば、手話通訳や文字表示のできるロボットがいつもそばにいてくれるといいなと思います。私の発音のパターンを学習してきれいな発音にチェンジしてくれる専用のアンドロイドがいれば、職場やレジャーなどの場にどこにでも一緒に出かけていくのも素敵です。といってもアンドロイドが家族や友達の代わりになってしまうのも心配ですけれど。

(3)　交通機関の運行状況

地下鉄に乗り込み、扉の上を見ると、２つのモニターが並んでいる。向かって左側には、ニュースやＣＭなど、右側には、路線図や所要時間、停車駅、どちらの扉が開くかという案内、乗り換え案内など、こと細かに情報が表示されています。

混雑している車両では、人の壁にさえぎられて外の駅名が見えず、うっかりすると降りるべき駅なのかどうかわからなくなってしまいます。焦って隣の人に「ここはどこですか」と聞いたりしましたが、今は画面の見える位置に座るか立つようにすれば心配ありません。…居眠りさえしなければ。

駅構内には、電光掲示板が随所にあって、運行状況を知らせてくれます。一行の電光文字が右から左に流れていき、「山手線は、車両点検のため遅れが出ています」といった情報が表示されます。いつも困るのは、コンコースやホームを歩いていて、流れていく電光掲示板の後半だけが見えるとき。ふと見上げると「は遅れが出ています」だけが見える。どの路線が遅れているのかわかりません。次の表示で前半分を見たいと思っても、たいていは、「まもなく電車がきます」という文字列や発着時間に切り替わったりする。流れる人波の中立ち止まって待っているわけにもいきません。

「〔山手線〕車両点検のため遅れが出ています〔山手線〕」というように表示を変更してはどうでしょうか。

また、スマートフォンでツイッターを見れば、乗客がリアルタイムに運行状況をつぶやいているのを見ることができます。

(4) ロードサービス

うっかり車のライトを点灯したまま買い物や食事に行ってしまい、2時間ほどして戻ってきたときには、エンジンがうんともすんとも言わなくなってしまう…という経験、几帳面な方ならまずそんなことはないでしょうが、私は、ちょっと慌てたり、ほかのことに気を取られたりすると、時々やってしまいます。

先日は、買い出しから帰ってきたとき、マンションの自室と駐車場までの長い廊下を行き来したくなくて、何とか1回で済ませようと、荷物をまとめにかかりました。まず運転席に座ったまま車内灯をつけ、大きなショルダーバッグに放り込まれたこまごましたもの…財布やメガネケースなどをサブバッグに詰め込みました。そして車から降りて、後ろのショルダーバッグの空いたスペースに買い物の品物を押し込み、食料品のスーパーのビニール袋を両手にぶらさげ、キーロックしてから自室に向かいます。左右のバランスをとろうと苦心しつつ…。

翌日、外出するために車のところに行って、キーのボタンを押したら…あら、反応がない。車のロックを解除できない。またやっちゃった…。

仕方がないので、ＪＡＦに助けを求めることにします。電話番号はあっても電話ができないので、役に立たない。スマートフォンからＪＡＦのホームページにアクセスし、「Ｗｅｂから依頼する」というボタンをクリックしてメールアドレスを入れます。送信ボタンを押して少し待つと、自動的にメールが送信されてきます。メールにＷｅｂのアドレスが書いてあるので、そこにアクセスし、自分の名前や会員番号、救援に来てほしい場所の情報、車の車種やナンバーなどを記入して、送信ボタンを押します。最後に「聴覚障害のため電話ができません」と添えておくと、担当側もその後の連絡をメールで密にとってくれるなど配慮してくれます。

やがてＪＡＦのスタッフが到着すると、メモ帳と筆記具でもいいのですが、iPadの筆談ツールを使えば、メモ帳も筆記具もいらないし、指先で字を書くだけでコミュニケーションがとれるので便利です。

自分で書いた文字をわざわざ相手に向けて見せなくても、自分に向いた文字と相手のほうを向いた文字が同時に表示されるという仕組みの筆談ツールもあります。

筆談をお願いすると、自分でまず文章を書いてそれを上下ひっくり返して見せてくださるという方も多いのですが、上下が気になるという人には便利なツールです。また、相手が書いた文字と自分が書いた文字は別の色で表示されるという点も便利です。

このようにして、ＪＡＦに電話してくれる人を探さなくても、ロードサービスを利用できるようになりました。

(5) ナビゲーションマップ

スマホに目的地の住所や施設名称などの情報を入れれば、画面にマップが表示されて行きたいところへの道筋を示してくれる。電車の時刻表や運行状況、高速道路の渋滞情報などいろいろな情報が、スマートフォンで見られるようになっています。

スマートフォンがあればカーナビとしても使えるし、片手に持って画面に示される矢印に沿ってのんびり散歩することもできる。誰かを捕まえて道を聞くことをしないですみます。北と思って南のほうに歩き出してしまうような方向音痴の私にはありがたいツールです。

(6) 外国旅行のお助け

言葉の通じない海外旅行。…といっても、国内でも言葉が通じないのだから、海外に出かけて行ってもコミュニケーションの壁は一緒。そのせいかどうかはわかりませんが、海外旅行の好きな聴覚障害者は多いです。

私も、何回か欧州に出かけて行きました。友人と一緒のときもあればツアーでの参加もあり、ひとりで行動したこともあります。何よりも楽しみなのは、片言の英語やドイツ語で筆談を交えながら身振り手振りも駆使して、なんとか通じ合うときの嬉しさです。日本では、言葉が通じないのは私の聴覚障害に原因があるということになりますが、海外においては、両方が同じ立場になる。ある意味対等になります。

今はスマホについている翻訳機能や読み上げ機能を使って、もっとスムーズにコミュニケーションができそうです。最近は残念ながら海外に行く機会がなかなかありませんが、次に海外に行くときは、英語やドイツ語だけでなくて、イタリア語やスペイン語、アラビア語などの語圏でも相手と通じ合えるときめきを経験できるのではないかと楽しみです。

(7)　家族とのコミュニケーション

いちばんコミュニケーションをとりたい家族。一緒に生活しているのに、伝えたいことが伝えられない、家族が何を考えているのかわからないのは寂しいものです。健聴者の家族でもよくそういうことはあると言いますが、言葉が聞こえて、話せて、普通に会話ができる上でお互いの意思疎通ができないということと、聞こえないために聞こえる家族に対して言いたいことを言葉として伝えるのがむずかしい、相手の言うことが読み取れないために感情的なすれ違いが生じるということとは、別の次元のように思います。「疲れたー」とか「何か食べるものある？」という程度のやり取りでも、すぐに通じず何回も繰り返して聞き返すと、相手は不機嫌になったり、感情のすれ違いの原因になったりします。

また数人の家族の中でひとりだけ聞こえないと、家族の団らんに入りにくいこともあります。

お互いがコミュニケーションに協力する姿勢がなければ通じ合えないのは健聴者でも同じかも知れませんが、それ以前に言葉を聞き分けることがストレスなくできたら、緊張やストレスも減って家庭生活を楽しめるかも知れない。

家庭にICTを導入して言葉のやり取りがスムーズにできる環境を作るには、どんな形があるか想像してみました。かわいいデザインのネックレスかブローチの形のマイクをつけて、何かと忙しい夫や耳の遠くなった両親に後ろから話しかけてもはっきり聞き取れる発音にチェンジしてくれる。家族がみんな胸に薄いモニタを張り付けて、その家族の話がいつでも文字に変換されるのはどうでしょうか。トイレやお風呂、自室など顔の見えない場所にいても、用事があるときは文字表示でコミュニケーションができるなどです。

(8) モニター

家族やペットが介護が必要なとき、買い物や用事で外出するのは心配。一人暮らしの親や祖父母が自宅で転んだりして助けを求めていないだろうか、相手が元気であれば、FAXやメールで安否確認ができますが、FAXを書くのもつらい方の場合は、定期的に電話で様子を聞きたいこともあります。

電話が使えないなら、どのようにして安否確認すればよいでしょうか。スマートフォンで、家族や子どもの様子を見守ったり、災害時の安否確認をサポートしたりするといったサービスがいくつか提供されています。でも多くは、相手が端末を所持していたり、ある程度の操作はできることが求められています。端末を持っている家族が家の中や外を歩けば、歩数がカウントされてその記録を離れたところにいる息子が確認することができるというように。

端末を持たなくても安否確認できる方法はといえば、家の中にカメラをセットして、カメラの映像をスマートフォンで確認するという遠隔監視システムも提供されています。少し技術力があれば、自分で装置をそろえてセッティングすることも可能です。家族とはいえプライバシーもありますから、どのように運用するかは工夫が必要ですが、電話が使えなくても安否確認ができる手段があるのは心強いです。

一緒に外出していても、心配なのは、トイレに入っているときです。トイレで何かあっても、扉ごしにやり取りができないので、どうしたらいいのか悩むところです。

4　そのほかの先端技術

⑴　人工内耳

一度失われた聴力を回復することは至難と言われています。聴覚障害のある子どもたちは、教育による言語指導や、手話・文字などの視覚的なコミュニケーション方法を身につけるしかないと考えられていました。そうした「不治の病」聴覚障害への朗報として人工内耳の手術例が報道されたのは、１９８０年代後半です。１９９０年代半ばごろに、健康保険の適用対象となり、欧米や日本でも人工内耳を装着する聴覚障害児・者が増えてきました。

私のところにも、ある大学病院から人工内耳の治験をしてみませんかという話が来たことがあります。手術やリハビリ費用などは免除ということでしたが、内耳の奥にある小さな蝸牛に直接電極を挿入するというその方法を聞いて、辞退しました。

そのころ趣味としていたダイビングもできなくなるし、その効果には個人差も大きいということでした。人工内耳の施術では、蝸牛に直接電極を差し込むという非常に細かい技が要求され、その部位は顔面神経や脳にも近いだけに、いかに高度な技術をもった医師の執刀であっても、かなりのリスクを伴うと聞いています。しかも個人差がある。この施術を、乳幼児にも施すということには、自分としては危惧を覚えるのですが、実際、人工内耳の装用はもっと慎重にするべきだという声をあげている団体もあります。

完ぺきな聴力が得られるというならともかく、人工内耳装着後、読唇や指文字などのコミュニケーション方法と併用して教育していくという話を聞くと、果たしてそれだけのリスクを冒す意味があるのだろうかとも思います。

人工内耳を装着することで、テレビの音声がかなり聞き取れるようになったと喜んでいる知人もおり、会話の聞き取りが楽になったことを実感するという難聴の方もいます。一方で、家業を継いだりお見合いをしたりするとき等、人工内耳を装着するように言われて手術を受けたものの、それほど聴力の改善はみられず、ほとんど使っていないというケースもあります。好きなダイビングができなくなってしまったといった声も聞きます。聞こえなくなった子どもたちは自分で人工内耳を装用するかどうかを選択できない年齢で人工内耳の手術を受けることになるのですが、一度装着してしまうと、もう元には戻せません。人工内耳を勧める医者や教育者には、聴覚障害のある人にも豊かな人生があるということを理解した上で、子どもへの人工内耳適用を勧めているのかどうか、聞いてみたいものです。

(2)　iPS細胞への期待

人工内耳のように耳の構造に直接外科的な侵襲を加えることなく、本来の健康な器官の再生ができないものか。髪の毛や爪は生えてくるけれど、障害を受けた神経や内耳はまず回復することはない。元の通りに修復できるものなら、どんなに良いだろう。

腎臓や肝臓が使えなくなっても、自分の体の中で作り直すことはできません。他人の臓器を移植するという方法もありますが、移植を望んでいる患者さんも多く、ドナーを見つけるのがむずかしいのと、組織が適合するかどうかという問題があります。せっかくドナーがいても組織が合わなければ移植しても体が拒否してしまう。自分自身の臓器を再生することができたなら…。その願いをかなえてくれる期待が大いにもてそうなｉＰＳ細胞。

網膜や心筋の再生が実用段階に入って、糖尿病治療や筋ジストロフィー治療の可能性も見えてきているというまさに夢のような細胞です。

マウスの実験で、内耳を再生することに成功したという報告もあります。実用化へのニュースはまだありませんが、私が生きている間に人間の内耳の再生は実現してほしいもの。そうなれば聴覚障害が完治する可能性もゼロではなくなりますね。

(3)　どこに行っても探せる補聴器

大きな弁当箱のような補聴器から、ポケットに入る大きさ、耳かけ式、さらには耳穴式へと、高度難聴者用の補聴器は進化していきます。耳かけ式も、耳介の裏にぴったり収まるタイプは、髪をかき上げたり、ショートカットにしたりすると、その存在がすぐわかったものですが、耳介の上半分の後ろに隠れるほどの大きさになると、自分でも装着をほとんど意識しないほどの軽さになります。

高性能の補聴器が小型になるのはありがたいのですが、反面、すぐに行方不明になったり、補聴器を着けていることを忘れてシャワーを頭から浴びてしまったり…というトラブルもありそうです。

近年では、iPhoneと補聴器をBluetoothで連動できるモデルが登場しています。補聴器を最後に置いた位置をiPhoneに記憶させる、iPhoneから出力される音声を直接補聴器に入れるといった機能がついています。

第5章

老聾コミュニケーション

第5章

老聾コミュニケーション

1　親の介護に直面して

1-1　来るべきとき

そのときは、突然やってきました。

2011年の東日本大震災を契機として、両親は千葉県にある兄夫婦の家の近くに住まいを移ることになりました。

その2年後に父が倒れ、我が家も介護体制となりました。友人や知人の多くが何らかの形で介護に直面していますので、私もそろそろ心の準備をしなければと思っていた矢先でした。

両親は、築50年以上の一軒家に2人で生活していました。毎日1回でも電話して様子を聞きたいところですが、電話ができない代わりに2週間に一度は実家に帰って両親の元気な姿を確かめるようにしていました。仕事が忙しいときや自分が疲れているときなどは、実家に帰るのを一週間延ばしにしていたこともよくありました。父も携帯電話のメールが使えたので、時々はメールのやり取りもしていました。

父は気丈な性格で、その年も2月の誕生日を前に運転免許の更新を済ませ、

「これで92歳までは大丈夫」

とニコニコしていました。

「免許の講習会で、僕が一番年上だった。ほとんど70代の人が多くてね、僕が89歳だというとみんなビックリしていたよ」

そりゃびっくりするよねと言うと、父は嬉しそうに笑っていました。

80代半ばあたりから、兄も私も、そろそろ運転免許証を返納した方がいいんじゃないかと勧めていたのですが、

「もう足もだんだん衰えてきているし、車があれば自分で遠くに出かけて行ける。この前もストーブが壊れたとき、秋葉原まで車で行って新しいのを買ってきたよ」

「でも、もう免許更新はしないでおこうよね」

「ボク、まだそんな歳じゃない」

と父はおどけたように笑います。

いえ、そんな歳ですから（心の中で）。

そういったやり取りをしながらも、ハンドルをしっかりと握って買い物や銭湯に出かけていく父が嬉しく、このままずっと元気でいてほしいと願っていたものでした。

兄から、父が救急車で病院に搬送されたという知らせのメールが入ったのは、運転免許更新のし

ばらく後でした。重症インフルエンザということでした。喉が痛いと言い出してから数日の間に容態が悪くなるばかりでしたので、母が救急車を頼んだそうです。

車で15分ほどのO病院に運ばれ、すぐにインフルエンザの治療を開始しましたが、高齢でもありどうなるかわからない、急変するようであれば兄のところに電話連絡がいくという話でした。電話が入り次第兄からメールを入れてもらうということで、ひとまず実家にかけつけました。その晩は、メール着信のときにバイブレータが作動するように設定し、スマホを肩に直に密着させるようにして就寝しました。眠り込んで振動にも気がつかなかったらと思うと、あまり熟睡はできませんでした。

翌日病院に行くと、父は目覚めていて、私の顔を見るなり「もうお別れだね」と小さく言いました。言葉ではそう言うものの、思ったよりもしっかりしている様子なので、むしろ少し安心しました。

1-2　驚きの連続

(1)　水が飲めない

それからというものは、驚きの連続でした。親がいつまでも元気でいるわけではないことを常に意識していたのに、いざそのときになってみると、知らないことがあまりに多く、事前の準備ができていたらと思う部分もありました。

まず、高熱の続いていた父はしきりに水を欲しがります。水分は必要なだけ摂らなければと思いますから、ペットボトルの水を買ってきて、水差しに注いで飲ませてあげようとします。そうすると、看護師さんが「水を飲ませないで」と言う。

本人が水を飲みたがっているのに何故いけないのか。

「誤嚥がこわいんですよ。誤嚥性肺炎を起こしたら命にかかわりますから」

誤嚥性肺炎で命を落とす高齢者の方が多いことは知識としては知っていましたが、今、水を欲しがっている父に誤嚥の心配があるというのでしょうか。インフルエンザになる前は普通に食事をして水も飲んでいたのに。病室に入れば、すぐ「水」と言う。ちょっと眠って目をあけると私の顔を見ては「水」と言う。

「父が、水を飲みたいと言っているんですが」

と看護師さんに言うと

「さっきも飲んだばかりなんですよ」

と言いながら、コップとスプーンを持ってきてくれました。

水を飲むのにスプーン？　コップに入っているのは、強めのとろみをつけた、水ともお茶ともいえないゼリーのようなものでした。スプーンにすくって飲ませると、少しは飲み込みますが、水を飲んだという気持ちにはならないようです。

水にも、食事の味噌汁にもお茶にも、飲みやすくするためにとろみがついています。父はそのと

今は、とろみ食に慣れて
しっかり食べられるように
なりました。

ろみを嫌がって、要らない、水を欲しいと繰り返します。たまに、看護師さんのいないときに、水を少し飲ませてあげると
「ああ、美味しい、生き返るようだ」
と、目をつぶって、しみじみと言っていました。

(2) たん吸引

インフルエンザ自体は1〜2週間ほどで回復に向かってきたのですが、体力が著しく落ちて免疫力が低下していたため、帯状疱疹を併発したり、緑膿菌感染症を起こして高熱を繰り返したりしていました。肺炎を起こすことはなかったのが幸いでしたが、気管支炎でよくたんが絡まるようになります。自力でたんを吐き出すことがむずかしくなってくると、若い看護師さんが「たん吸引しましょう」といってゴムのチューブを持ってきました。

何をするのかと見ていましたが、それが第二の驚きでした。

看護師さんはテキパキとビニール袋を破ってチューブを出し、消毒液に浸した後、やおら父の口を開けさせ、のどの奥に突っ込むではありませんか。父が苦しそうにもがくのも構わず、装置を操作するとボトルに吸引した液体がたまる。のどからうまく吸引できないと、鼻孔にチューブを挿入します。長いチューブがどんどん入っていくのを見ると怖くなりました。たんが引けると確かに呼吸が楽になるようには思われます。それにしても慣れないうちは、その苦しそうな様子を見ておれず、たん吸引の度に病室の外に出ていたりしました。心を鬼にしてチューブを拒否する父の手を押さえたりすることもありました。

そのうち父も慣れてきて、眉をしかめたり、笑顔でなだめる看護師さんを怒ったりしながらも、たん吸引に協力するようになりました。

(3)　IVH

免疫機能低下のため感染症を起こして高熱を繰り返すうちに、咳き込みが激しくなってものが食べられなくなります。点滴では間に合わず、IVH（中心静脈栄養）を使うようになりました。首のところにある心臓に近い静脈に直接カテーテルを入れて、栄養を補給するものです。

父が最初に入院した病院は救急病院なので、保険点数と収益の関係で長くは入院できないことも知りました。父を受け入れてくれて長く入院できる病院を探し、H保健病院に転院することになりました。

H保健病院は、千葉県の郊外で、周りを梨畑に囲まれた静かなところにあります。IVHと酸素吸入器をつけたまま寝台車で移動しました。ゴールデンウィークに入る直前、この年の記録的な猛暑の先駆けとなる強い日差しのもと、父の軽自動車でその寝台車のあとを追っていきました。

H保健病院に着くと、手続きやレントゲン検査などがあり、やっと部屋に落ち着いたときはお昼になっていました。O救急病院での清算と転院準備のため、朝早くから病院に詰めていたので、とてもおなかがすいていて、院内のレストランでカレーライスを食べました。その味は今も忘れられません。父は口からものを食べることができないのに、母と私はおいしい食事をしていると思ったことも。

⑷ リハビリへの希望

良い意味、つまり希望を持つことのできるような驚きもありました。高齢者が入院をきっかけに寝たきり状態にならないためのリハビリテーションが充実していたことです。患者さんの体調を見ながら、体調があまり良くなければ、ベッドの上で寝たまま手足をそっと動かしてあげる。体調が少しずつ良くなってくるのに合わせて、ベッドの上に起こしてあげたり、車いすに移乗して立つ練習をしたりします。

父が入院したときはもう寝たきりになってしまうのかも知れない、施設に入れるよりは自宅で介護してあげたいけれど何をどうすればいいんだろうなどと不安になるだけでしたが、リハビリがどれだけ家族にとっても救いになったかわかりません。

リハビリテーションにはいくつかのメニューがあります。転院したあと、しばらく父の状態を診たうえで、リハビリのプログラムが組まれます。そのスケジュール表を見ると、PT、OT、ST、MTなどの項目があります。

リハビリ分類上のPTは理学療法、STは言語聴覚療法、OTは作業療法です。それぞれ、フィジカルセラピー(Physical Therapy)、スピーチセラピー(Speech Therapy)、オキュペーショナルセラピー(Occupational Therapy)の略です。それぞれを担当する専門の方々をセラピストと言います。

父の週間スケジュール表を見ていると、STという項目がありました。聴覚や言葉に問題があるわけではないのに、なぜスピーチセラピーがあるのでしょうか。食べるリハビリはSTに入るんだそうです。ものが食べられずＩＶＨで栄養補給をしているため、通常の食事に戻すためには、嚥下、つまり飲み込む訓練が必要になる。それを言語聴覚士が担当するのだそうです。検索してみると、次のような記述がありました。

「言語聴覚士が対象とする主な障害は、ことばの障害（失語症や言語発達遅滞など）、きこえの障害（聴覚障害など）、声や発音の障害（音声障害や構音障害）、食べる機能の障害（摂食・嚥下障害）などがある。これらの障害は、生まれながらの先天性から、病気や外傷による後天性のものがあり、小児から高齢者まで幅広く現れる。」（Wikipediaより）

「飲み込む機能は衰えていないですよ。少しずつ練習していきますね」

若いＳＴさんがにこやかに言ってくださったときは、その笑顔が神々しく見えました。

ＭＴはミュージックセラピー（Music Therapy）、つまり音楽療法の略です。Ｈ保健病院では、フロアに車いすにのった患者さんたちが集まって、みんなで唱和したり、スタッフの方のピアノやギター演奏などを聞いたりして音楽にふれる時間をもうけていました。

これらのセラピーの他に、アクティビティスタッフという方々がいらして、患者さんと日常会話やイベント企画などをしています。Ｈ保健病院は、医療、リハビリ、レクリエーションがとても充実していました。ひな祭りや秋祭り祭など病院をあげて家族も参加できるイベントがあり、回復に向かっていた頃の父は車いすに乗って、とても楽しそうにスタッフに手を挙げて挨拶しながら、イベントを見てまわっていました。

(5) 父とのコミュニケーション

団塊世代と呼ばれる人たちが定年を迎え、70代、80代に突入するにつれて、親や配偶者の介護をせざるを得ない人たちが増えています。

耳の聞こえない人たちにとっても、同じように親は老いていき、そして自分の番がめぐってきます。私たちの親は、教育面や将来への不安など、普通の親とは違う苦労をしながら聴覚障害のある私たちを育ててきたわけで、それだけに老後を少しでも幸せに過ごしてほしいという思いがあります。

介護が必要な状況になるというのは、コミュニケーションがいっそう困難になってくるということと背中合わせです。

父がふだんから手話を使っていたら、もっとコミュニケーションがスムーズだったかも知れないという思いもあります。齢を重ねて、耳が遠くなってくれば会話が聞き取りにくくなるし、くちびるや舌の動きもなめらかさが少しずつ失われていって口形が読み取れなくなってきます。また脳が委縮してくれば、言葉自体が出にくくなってくることもあります。

純粋口話法教育は、ろうの子どもを持った親をも教育の対象として考えます。普通に近づけることを目指し、手話を否定するという純口話法教育のひずみは、50年、60年後にまで尾を引いてきます。手話は、いずれは子どもとの会話に必要になるコミュニケーション手段として認識しておくという指導があれば良かったかも知れません。

私は、第1章でも少し書きましたが、普通の人のようには明瞭な発話ができません。父も私の話が聞き取れているのかどうかわかりません。

「お父さん、今日はお風呂だったの？」

（ウンウン）と小さくうないている。そうか、お風呂だったのね。じゃあ洗濯物も出ているはずだから持ち帰ろう。あれ、ないじゃない。あ〜また適当に答えているな。一生懸命話しかけているのに。

「リハビリはやった？」

ウンウン

「歩く練習した？」

ウンウン

「どのぐらい歩いた？」

ウンウン。何を言ってもウンウンです。

試しに、iPadのSiriに私の声を聞かせてみました。

「お父さん」

ゆっくり話したのにiPadが返してきた文字は「うどんさん」…。

「お父さんが笑った」

…うどんがサンタを笑った。

私の発話はこんなものらしい。母は私に何回も発音させては笑い転げています。人をおもちゃにするんじゃないって。じゃあ自分も何か話してみてよ、とiPadを渡すと、「お父さんが笑った」ときれいに変換するではありませんか。長い文章を読んでもらっても、ほぼ間違いなく変換しています。父も耳元で、食べられるわけでもない「うどん」という言葉を聞いているのでしょうか。

私のわかりにくい発音をいつも聞き取ってくださる健聴者の方々には脱帽です。

Siriは、第4章でも少し触れていますが、なかなか優れた音声認識ツールです。ちなみに、変換された文字列を見ながら、何回か「お父さん」と発音を繰り返すと、時々はちゃんと認識してくれることもあります。発音練習ツールとしてもよさそうです。


H保健病院に移った後、しばらくして父の容態がやっと落ち着いてきました。主治医からは、「この歳になれば回復は若い人と同じペースではなく、年単位で考えてください」と言われました。

その言葉通り、非常にゆっくりとしたペースで回復に向かっていました。普通の食事ができるようになり、ベッドから起き上がってトイレにも行き、杖をついてひとりで歩けるようになった時期もありました。

そうかと思えば、食欲がなく体力が極度に落ちてしまった時期もあります。その頃は、父は、まるで感情を失ってしまったかのように、表情も会話もなくなってしまいました。父が違う世界に行こうとしているようで、父の耳元で何度も話しかけるのですが、伝わっているのかどうかわからず、

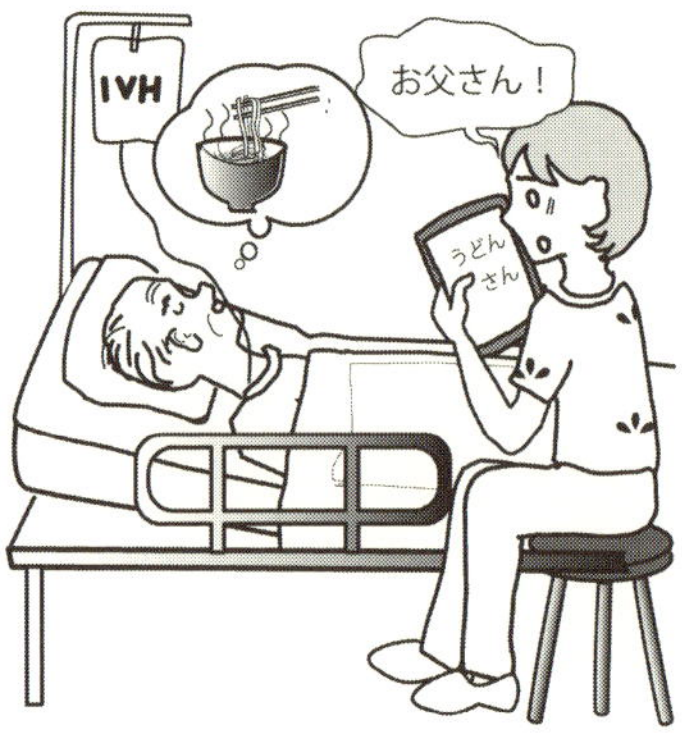

もどかしい思いでした。こういうときにこそ、父の心に寄り添いたいのに、これが認知症なのかとも思いましたが、主治医や看護師さんは、「認知症はないですよ」と言っていました。体力が回復してくると、また少しずつ受け答えができるようになってきます。

父には父のペースがあるので、こちらのペースに合わせようとするのでなく、今の父と私に合ったペースをつかんで父の断片的な言葉や表情、手の動きなどから少しずつコミュニケーションをとっていく毎日です。

聞こえない立場で何度も身に染みて経験することですが、聞こえる人は、相手のコミュニケーションのペースが遅いと、相手の判断力が低いと判断してしまったり、自分のペースに合わせて一方的な会話になってしまったりすることがよくあります。そうなると、こちらは言いたいことがあっても言葉に出せず、何も伝えることができないままに終わってしまうこともあります。仕方がないと割り切っていますが、時によっては、さびしく悔しい思いがわき起こってきます。

父も同じ気持ちでいるのだろうか。

「今、何かしたいことはありますか」

と問いかけると、じっと考えるような表情をします。

「特に何もない？」

と言うと、うんうんとうなずきます。

「何もないんじゃなくて、うまく言えないんじゃないの？」

と聞きましたら、父は大きくうなずいて、

「うん、そうだよ。よくわかっているね」と言いました。

高齢になって、または身体が弱って、コミュニケーションのペースが落ちてくる。ほとんど自分を表現できなくなることもあります。本人も自分の変化をわかっている分、つらい思いをしているのではないか。コミュニケーションはどちらか一方が相手に合わせるのではなく、一緒に作っていくものだということを再認識しています。

ほとんど寝たきりの毎日ですが、今日も父は穏やかな表情で母と私を迎えてくれます。父と、そして母とのコミュニケーションがまだまだ続くことに感謝しながら、ともに生きていける時間を大切にしていきたいと思います。

2 課題と自分の老後

2-1 いくつかの課題

私たち聴覚障害者が親や家族の介護に直面するとき、また自分が介護を受ける立場になるとき、課題になってきそうなポイントをいくつかピックアップしてみました。

(1) 声掛け

介護者が本人の動きに合わせて、声をかけながらうまくフォローしていくのが大切ですが、声をかけても、もともとわかりにくい発音なので、本人にうまく伝わりません。

(2) タイミングを合わせるとき

車いすから自動車の助手席に移るとき、ベッドから車いすに移乗するときなど、ひとりでむずかしいときは2人で力を合わせて介助します。お互いに声を掛け合って動くタイミングを合わせる必要がありますが、父の体を支えているので手が使えません。もうひとりの介助者がどのように動くのかとっさにわかりません。下手をすると本人に怪我をさせそうで不安になります。

(3) 本人の言いたいこと

車いすを押しているとき、後ろから押すので相手の顔が見えません。本人が「ちょっと待って」とか「寒い」などというかも知れないのですが、車いすの後ろからは声を出しているのかどうかさえわからない。会話がむずかしくなっているので、顔の表情や手の動きなどから読み取りたいところです。

(4) 関係者とのコミュニケーション

病院や施設職員、介護士、ケアマネージャーとのコミュニケーションがもっとほしいと思うことが多々あります。

通院など予約してある場合は手話通訳を依頼できますが、病棟や介護施設ではその都度通訳を依頼できない場面が多く、筆談などで会話しています。スタッフの方々は、忙しい中ていねいに筆談で説明してくださったり、父の状況を知らせてくださったりします。

しかし父の様子をもっと詳しく聞きたいし、相談したいのに、90％通じても残りの10％に肝心な内容が含まれていることもあります。しかも、スタッフの方々はふだんからマスクをしています。マスクをしたまま話されると口の形も表情も分からずお手上げです。話しかけられている自体がわからないこともあります。関係者の方にも手話やコミュニケーションツールの使い方の知識があれば、時間をもっと効率的に使えます。

看護師や介護士の養成課程や職場研修などで、聞こえない患者や家族とのコミュニケーションスキルの習得が必要です。こういったところでも、障害者差別禁止法にある合理的配慮の対象になると思います。

(5) 認知症の心配

コミュニケーションがうまくとれないと、すぐ認知症に結びつけてしまうところもありますが、認知症ではないのに本人の意思表示がうまくできていないために認知症と判断されてしまう事例も聞きます。

そもそも認知症をどうやって診断しているのか。CT画像で診断できることもありますが、認知テストを実施してその点数で機械的に診断されることもあるようです。コミュニケーションがうまくとれていないだけで認知症とみなされてしまうのは怖いことです。

認知症を抱える方のサポートが大きな課題としてクローズアップされていますが、認知症の安易なラベリングにつながる心配もあります。聴覚障害者は人との関わりが乏しくなりやすく、意思表示がうまくいかないために、認知症として扱われるケースもあると聞きます。

(6)　在宅介護という選択肢

いずれは家に連れて帰りたい。

それが、母にも私にも共通する思いです。在宅で介護し、看取りをしていきたい。毎日を寂しくなく穏やかに過ごし、安らかに見送ることができれば、いちばん幸せなんじゃないか。しかし、それには、しっかり腹をくくる必要があります。父が自宅で具合が悪くなったら。急変したら。思わぬケガでもしたら。いよいよ最期の時を迎えるというのに、病院に搬送してしまっては、安らかな最期ではなくなってしまうかも知れない。かといって、病院に診てもらっていたら回復したかも知れないという後悔が残る可能性があります。

在宅での介護と看取りは、そういうジレンマとの背中合わせです。在宅介護を支援する医療スタッフや地域との連携が必要になってくる。訪問医、訪問看護師のコミュニケーションスキルの習得も必要になってきます。

2-2　次は自分の番

さてこんなふうに親をフォローしながらいろいろと考えていると、自分自身の老後が妙に現実味を帯びて迫ってきます。20年後か30年後か、動けなくなるのはもっと早いかも知れない。自分にそのときが来るまで、あっという間に違いありません。
年を重ねていく親をみて自分のこれからの姿を教わる。いくつになっても親からはいろいろな形で教わっていくものです。

(1) 医療現場での意思疎通

聴覚障害の有無にかかわらず、高齢の方本人への説明や意思確認がもっと必要なのではないかと思う場面を時々見かけます。父が後から「僕に説明がない」ということが何回かありました。またデイサービスで、お年寄りの方に子どもに対するような話し方をする介護士さんがいます。ましてかも知れません。聞こえない立場では、医療スタッフに話しかけられたり問われたりしても答えられないことが多いかも知れません。その結果、子どものように扱われてプライドが傷つくこともありそうです。自分の意思を伝えられないまま一方的に意思に反する介護をされたり、つらいだけの延命措置をされたりすることもあり得ます。怖いことです。

病気の治療を受けるときなどは、医者や看護師との意思疎通を何としても確保しておかなければなりません。自分の身体を診てもらって、場合によってはお任せしないといけないときもあるのですから。

全身麻酔で手術を受けたことがあります。
麻酔が効いているときは、脳あるいは神経に作用しているわけですから、普通の眠りとは違って、深く効いていると自発呼吸もできなくなるので、麻酔科医師のもとに厳重に管理されています。

病気自体は特に大したものではありませんでしたが、人生初の手術とあって手術についての説明は慎重に聞きました。麻酔から覚めるときに、まず耳元で名前を呼び、いくつかの指示に従うということです。呼吸が苦しくないかどうかの確認、呼吸をするためのチューブを抜くという手順になるそうです。名前を呼ばれたところで私にはわかりませんし、手術後にすぐ医師の話が読み取れるか心配です。

「名前を呼ぶときに肩を軽くたたきましょう」

「はい。指示を紙に書いておいて、見せていただければ大丈夫だと思います」

「ではそうしましょう」

…といったやり取りがあって、文字ボードを用意してもらえることになりました。

手術当日になって、朝のうちに浣腸をしておなかを空っぽにします。手術着に着替え、ストレッチャーに横になって手術室へ。手術室と書かれた扉がガーっと開いて、そこに入っていくと、中にはさらにいくつもの手術室があって扉がたくさん並んでいました。テレビドラマみたいです。ひとつの扉の前で名前や手術の部位を確認して、いよいよ麻酔の開始です。

注射を打たれ、「ゆっくり数を数えてください」と書かれた文字ボードを見せられます。ここまでは予習の通りです。1、2、3、まで数えたかどうかもわからないうちに、眠りに吸い込まれていきました。

………

ふと目が覚めます。

夢を見た感覚も何もなく、普通の眠りとは明らかに違って、数を数えた直後から目覚めるまでの時間が切り取られて存在しないような感じでした。周りに医者や看護師さんたちがいて、自分が手術台の上にいること、手術が終わったんだということはすぐにわかりました。

目の前に文字ボードが差し出されます。これも予定通りなのですが…。あれ、何が書いてあるのかわからない。のっぺらぼうな文字ボードだけ覚えています。

『わからないです』

と伝えたくて、顔を横に振ろうとしました。すると太く固いチューブがのどに入っている感覚があって、顔を動かすことも、ものを言うこともできないのでした。へたに首を振ると、のどのチューブで窒息しそうです。こりゃ困った。何をすればいいいんだろう。

看護師さんたちはこちらの困惑には気づかず、文字ボードを何枚か出したあと、処置を進めます。何と書いてあるのか全然わかってないし、指示されたはずのことは何もできていないんだけど。まあしょうがないのでここはお任せしようと、また寝ることにしました。何人かの手がタイミングを合わせて私の身体を持ち上げ、手術台からストレッチャーに移されたのがわかります。病室に戻ってまたベッドに移されたことも覚えています。あとはただただ眠っていました。

ちょっと不思議な経験でした。

おそらく、麻酔から覚めた直後には、脳が覚めきっていないのでしょう。脳はその部位でいろいろな役割

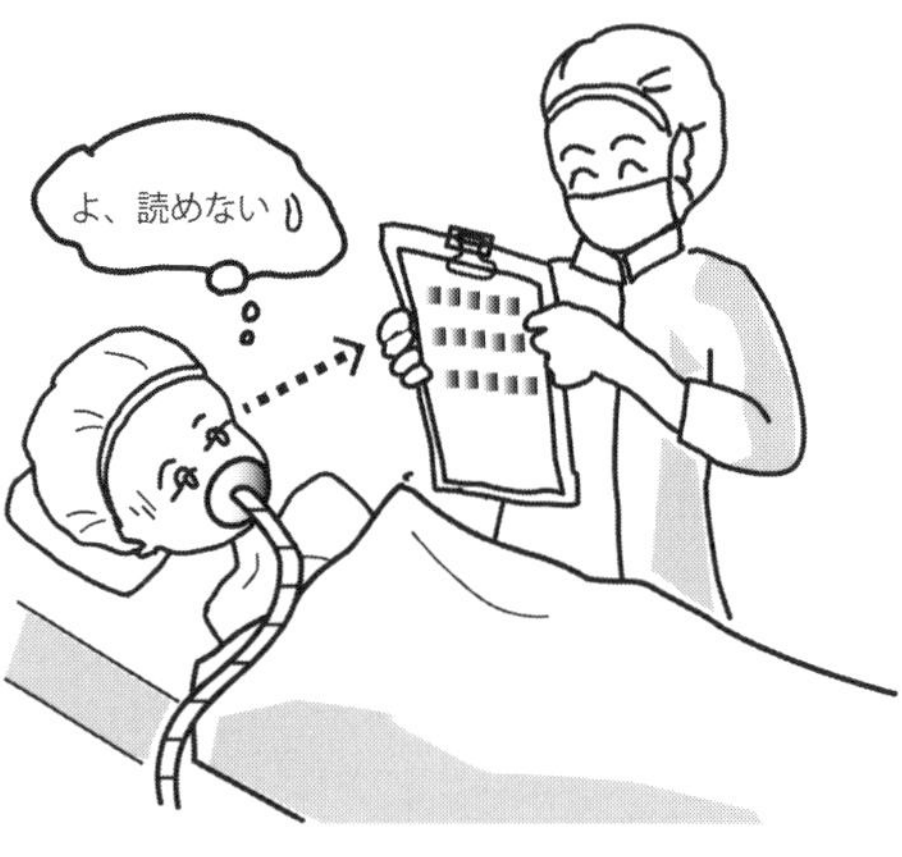

を担っていますが、文字を認識する部分か、または言葉を認識する部分が眠ったままだったのだと推測しています。脳の原始的な部分から先に目覚めていって、言葉を理解するような高度な部分は後からゆっくり戻っていくのかも知れません。耳から聞いた場合はどうなのでしょう。声は聞こえるけれど内容がわからないということもありそうな気がします。手話だったら？　試してみたいですが、何回も全身麻酔を受けるわけにはいきません。

もし麻酔から覚めたとき、息ができないなど何らかのトラブルが起きていたらどうなるのでしょう。文字ボードの用意をしておくという程度の考えでは甘いことがわかりました。

以前にテレビ番組で麻酔の特集をしていて、心臓の手術も局所麻酔でできるようになるという話がありました。手術の間中、麻酔担当のスタッフがずっと患者さんに付き添って、様子を見ながら会話をしています。

虫垂炎程度の手術ならともかく、心臓の手術を局所麻酔で行うなんて考えただけでも怖いじゃないですか。でもせっかくなので、心臓の手術の様子が見えるようにしてほしいかな。そのうち脳の手術も局所麻酔で可能になったりするのでしょうか。

(2)　自分の希望するかたち

還暦を迎えた時点での女性の平均余命は28.47歳（２０１３年時点）。88.5歳ということになりますが、へたすると、90の誕生日も迎えてしまうかも知れない。残り30年をどう生きたらよいのでしょうか。90よりも寿命が延びてしまうかも知れない。そしたらどんなふうに老後を迎える準備をすればよいのでしょう。

その頃には今とまた事情が変わってきて、楽観的に考えれば介護制度も今よりずっと整備されているようになっているかも知れません。

逆にもしも、東日本大震災を上回る大災害が来たら。もしも、日本経済が破綻して、今よりさらに厳しい状況になっていたとしたら。介護制度どころか、在宅で自分で何とかしなさいということになっているかも知れません。

このように「もしも」を言い出せばきりがありません。

私の親の世代が若かりしころには、今のような「大介護時代」など想像もつかなかったでしょう。同じように、現代の若い人たちや、高齢者まであと少しという私たちの世代でさえも想像のつかない未来が待っているかも知れません。

いよいよ特別養護老人ホームや介護付き老人ホームなどの入居が現実のものになってきたら。その時点で、自分にコミュニケーション能力がどれだけ残されているかわかりませんが、周りが聞こえる中で自分だけ聞こえず孤立するという状況になるのであれば、決して老人ホームのお世話にならずにひとりで暮らしていく道を選びます。

(3) 聴覚障害者向けの老人ホーム

聴覚障害者向けの老人ホームは全国に9か所あります。そのひとつ「ななふく苑」が埼玉県入間郡毛呂町にあり、先日見学させていただきました。「ななふく苑」は「高齢のろうあ者、中途失聴者、難聴者が聞こえなくても安心して暮らせる老人ホームを」という強い願いによって、２００６

年4月に開所しました（埼玉聴覚障害者福祉会のサイトより）。

視覚障害者向けの老人ホームは、2008年の時点で全国に80施設あり、山形県・富山県・鳥取県・沖縄県を除く全都道府県に所在し、5000人ほどが入所しています。それでも、糖尿病性網膜症や黄斑色素変性症などによる中途失明者が増加しており、施設数が足りない状況だといいます（Wikipediaより）。

対照的に聴覚障害者向けの老人ホームは全国に10か所もなく、国の方針として今後新設する予定もないという。晴眼者向けに建てられた施設では視覚障害者が日常生活を送るのに困難であるということは、晴眼者の立場からでも容易に想像がつきます。そのために、視覚障害者向け老人ホームの必要性は早くから認識されてきました。一方で、聴覚障害者は、日常の基本的な動作を行うのに特に不自由はなく、コミュニケーションのできない環境での不自由さは健聴の方々には理解しにくいものでしょう。

健聴者でも、加齢とともに次第に耳が遠くなって会話が困難になってくる方もいらっしゃいます。家族とのコミュニケーションができなくなってくる。何回も同じことを聞き返すと、相手もいらいらする。自分もいらいらする。家族の団らんに入っていけなくなって怒りっぽくなる。地域の交流にも加われなくなる。聴覚が喪われることによって、コミュニケーションが断絶します。

一般の老人ホームでは、老いても孤独の中で日々を過ごすことを余儀なくされている方が多いのではないかと思います。

聴覚障害者向けの老人ホームも、全国の都道府県に最低1～2か所はほしい。それでもまだまだ足りません。「ななふく苑」は、埼玉聴覚障害者福祉会が中心となって、聴覚障害者向け老人ホームの必要性を切実に訴え、多くの賛同と寄付金を得て実現したものです。老人ホームの形でなくても、デイサービスや地域活動などの場に、聴覚障害者が安心していられる環境づくりが積極的になされればと思います。

おわりに

今日もまた車いすの父と言葉を交わし、病院の忙しい日課の合間の時間を共有してきました。本書を書き進めようとして頭を悩ませるうちに時間がどんどんたっていきます。今年こそは父と一緒に眺めたいと思った桜の季節も過ぎ、道路の両側に広がる梨畑が白い花で埋め尽くされたかと思えば、木々の若葉が勢いを増してくる。時間のスピードに頭がついていけずにただ焦りが増す一方で、父との会話はとてものんびりしたものです。「今日はお風呂に入ったの?」と問いかけてからの時間が長く、忘れてきたころに「うん、入ったよ」と返ってくる。父には父の時間の流れがある。父のペースがあるのです。

人それぞれで時間の流れの感覚は同一ではないでしょうし、見るもの聞くもの、経験するものが違えば、それぞれに違った世界観が生まれてくるということを改めて思います。

それぞれ違う人々すべてが参加し、ともに生きる社会が実現すれば素晴らしいことです。一方で具体的にどんな社会なのかというと、うまくイメージができません。

それは足並みを揃えることではないし、足の遅い者に合わせることでもありません。

日本の社会では、すべての人が自分の能力を最大限に発揮しようとし、俊足の者はスピードの限界に挑戦し、企業ではさらなる効率化を目指して生産性をあげるといった営みが滞ることなく続いています。

「会議の内容がわからないから、手話通訳か文字通訳をつけてください」と言うことはできますが、「文字通訳に合わせて会議のスピードを落としてください」とは言えません。チーム全体の効率をマイナスにしてしまうのでは申し訳ないという気持ちが先に立ちます。配慮を求められる側も、マイナスになる面しか見えないことが多いのではないでしょうか。コスト面や人的労力が増えること、効率化を妨げることなどのマイナス面をどのようにしてプラスに転じるか、配慮を求める側も行う側も悩むところだと思います。

自分が聞こえる世界で生きていこうとするとき、障害ゆえに配慮を求め、配慮を受けることによって、これらの営みに何らかの支障を与えることになるのであれば、いかに「合理的」なものであっても、必要な配慮をお願いしたいと声に出しては言いにくいものです。

厚生労働省「合理的配慮指針」でも、「ただし、事業主に対して過度の負担を及ぼすことになるときは、この限りではない」という記述があります。率直に言って、何らかの配慮をすることを負担に思わない企業があるでしょうか。

聴覚障害者に文字通訳、あるいは手話通訳か要約筆記通訳をつけることで、本人の生産性をあげることができ、企業の経済面ではプラスになるのなら、堂々と合理的配慮を求めることができるかもしれません。イギリスでは、聴覚障害者の収入が増えて納税額がアップすることで還元できる、それを数値で示しているという記事がありました（朝日新聞2016年3月11日付　けいざい心話ろう者の祈り3）。明確に数値化することができれば、十分に職場や社会に貢献できることの証明になるかも知れません。しかし現実的には、合理的配慮をしてもらっても、障害を乗り越えて活躍できる障害者の方が少ないように思います。

私自身、合理的配慮を求める側ではなく意識するべき立場に立った場合のことを考えてみると、例えば4、5人で手話を使って会話をしていて、ひとりだけ手話のわからない人がいる場面では、手話のわからない人は会話に入っていけません。私たちは聞こえない立場で会話に参加できないつらさを存分に知り尽くしている。しかし、ひとりだけ手話のわからない人が手話での会話に参加できるためにどうすればよいか。手話を使わないと会話の楽しさが半減してしまうので、手話をやめるという選択肢はまずない。口話でゆっくり話したり筆談したりしてできるだけ会話の内容を伝えながら、みんなでの会話を楽しむでしょう。しかし毎日のことになると、こうした小さな配慮もどこまで続けられるでしょうか。そして手話のわからない人は参加したという充実感を得られるでしょうか。

合理的配慮を行うことのマイナス面をどう考えるか。

経済的利益や効率化というところにプラスを求めるのは、目先のものに焦点を合わせていることのひとつの表れだと思います。子どもの教育も、20年後に活躍できる人材を育てるということしか見ていないと、その先に自分に起こってくるマイナス面を受け入れることができなくなるのではないか。80年、90年、ひょっとしたら100年以上生きる時代です。人生の終わりまでを見据えて子どもを育てていくことが大事なのではないか。

ひとつの例として、第1章で、地域の学校で手話を覚える機会を必ず取り入れるようにするという取り組みをご紹介しましたが、ろう者の言語である手話を覚えた児童生徒自身が60年後には自分のコミュニケーション手段になるかもしれない。社会のマイノリティとして存在する障害者や高齢者は数十年後には必ず自分の姿と重なってくるということを含めて子どもたちに伝えていければ、広い視野を育て、それぞれ違う人々が対等であるという意識につながると思います。

私たちの社会が、マイナス面もプラス面もなくみんなが必要な配慮を受けながら、あるいは配慮さえ意識する必要もなくなるような「ともに生きる」共同体に成長していくには、まだまだ時間をかけた取り組みが必要ということを実感しています。

謝辞

本書の企画・出版の機会を与えてくださった株式会社ジアース教育新社代表取締役・加藤勝博様に深く感謝申し上げます。

筑波大学附属聴覚特別支援学校副校長伊藤僚幸先生、同教務主任山本晃先生、元教諭竹村茂先生には、資料収集のために暖かいご配慮をいただきました。自分がろう教育を受けた時期の資料は大変古く、研究会などの定期刊行物や紀要などなかなか手に入りにくいものもあります。筑波大学附属聴覚特別支援学校の資料館にこもって膨大な古い資料から目的のものを探し当てる作業は、目的以外の思いがけない貴重な論文に出会うこともあり、とても充実した時間となりました。インテグレーション関連にしても、昔お世話になった先生方の記録や研究論文に触れて、新しく知る事実もあり、当時の先生方の願いや奮闘の片鱗を垣間見る思いでした。

また本書の執筆を進めるにあたって、山本さん、中島さん、片岡さん、兼平さんは実名でご紹介することを快諾してくださいました。埼玉県聴覚障害者協会の岩田さん、速水さんには、特別養護老人ホームななふく苑の見学にあたって丁寧にご対応いただきました。ここでは書ききれませんが、多くの皆様に本書の趣旨をご理解いただき、貴重な時間を割いて快くご協力をいただきました。改めて厚くお礼を申し上げます。

引用文献

(1)太田節女　聴能訓練を省みて　ろう教育1964年（昭和39年）11月号通巻164号

(2)(3)ともに太田節女　幼稚部言語素材の系統と指導内容の一端　―　実践記録の整理　―という論文より引用。コピーのみ残存しており年度・出典は不明だが、筑波大学附属聴覚特別支援学校資料室に「幼稚部言語素材の指導内容」という資料があり、継続的な研究発表資料の一環と考えられる。

(4)松本末男　附属聾学校におけるインテグレーション（その1）筑波大学附属聾学校紀要2004年（平成16年）3月第26巻（通巻第31巻）

参考文献

青山新吾他　インクルーシブ教育ってどんな教育？　学事出版　2016

大矢暹他　全通研アカデミー①高齢ろう者の人生　一般社団法人全国手話通訳問題研究会　図書出版文理閣　2016

斎藤里恵　筆談ホステス　光文社　2009

竹村茂　日本の手話・形で覚える手話入門　ジアース教育新社　2015

柘植雅義監修　キーワードでわかるはじめての特別支援教育　学研教育出版　2015

東京教育大学附属聾学校小学部　インテグレーション―普通学校の先生に聞く―聴覚障害1973年(昭和48年)　12月号通巻273号

東京教育大学附属聾学校小学部　インテグレーション―普通学校の先生に聞く―聴覚障害1973年（昭和48年）　2月号通巻263号

独立行政法人国立特別支援教育総合研究所　特別支援教育の基礎・基本　ジアース教育新社　2015

西川はま子　ろう者のひとりごと(1)〜(8)　特殊教育68号〜74号　1956・1957

萩原浅五郎　インテグレーション　ろう教育1965年（昭和40年）　8月号通巻173号

松崎節女　言語素材についての考察　―3歳入学初期における―東京教育大学附属聾学校紀要　1974年（昭和49年）1月第1巻

山本おさむ　どんぐりの家〜それから〜　小学館　２００７
渡辺繁義　一つの側面から見た口話教育批判―西川はま子「ろう者のひとりごと」を繞って　特殊教育１９５９年（昭和34年）　2月号96号

参考ホームページ

インクルーシブ教育支援データベース
http://inclusive.nise.go.jp/
外務省　障害者の権利に関する条約
http://www.mofa.go.jp/mofaj/gaiko/page22_000599.html
神奈川県保健福祉部地域福祉課　神奈川県手話言語条例
http://www.pref.kanagawa.jp/cnt/f531791/
厚生労働省　改正障害者雇用促進法
http://www.mhlw.go.jp/stf/seisakunitsuite/bunya/koyou_roudou/koyou/shougaishakoyou/shougaisha_h25/index.html
社会福祉法人埼玉県聴覚障害者協会　特別養護老人ホームななふく苑
http://www.donguri.or.jp/nanafukuen/
総務省　情報通信白書平成27年版
http://www.soumu.go.jp/johotsusintokei/whitepaper/h27.html
筑波大学附属聴覚支援特別支援学校
http://www.deaf-s.tsukuba.ac.jp/
特定非営利活動法人　日本聴覚障害者コンピュータ協会
http://mimicom.gr.jp/
文部科学省　特別支援教育
http://www.mext.go.jp/a_menu/01_m.htm

著者プロフィール

平川美穂子（ひらかわ・みほこ）

生後1年ほどで高熱の後失聴。東京教育大学附属聾学校（現筑波大学附属聴覚特別支援学校）幼稚部に学び、小学5年より普通校にインテグレーションする。筑波大学第二学群人間学類心理学専攻卒業、筑波大学大学院心身障害学研究科修了、教育学博士。翻訳業、聾学校教諭を経てＩＴ企業にＳＥとして23年間勤務し、その後介護退職。仕事の傍ら特定非営利活動法人日本聴覚障害者コンピュータ協会理事長、副理事長を務めた。毎日小学生新聞に、「たかね♥きゃら」のペンネームで子ども向けに手話漫画「てでともだち」を連載（１９９３～２００２年）。現在ではおもに手話のイラスト作成を手掛けている。

主な著書（たかねきゃら名義）

『手でともだち』廣済堂出版　１９９５
『手話で伝えたい まんがキャンパス物語』廣済堂出版　１９９６
『手話で話そう』廣済堂出版　１９９６
『手話で伝えたい　オフィス編』廣済堂出版　１９９７
『やさしい手話　手でともだちPart2』廣済堂出版　１９９８
『マンガ版 手話で友だち』廣済堂出版　２００１

イラスト制作

『日本の手話・形で覚える手話入門』ジアース教育新社　２０１５
『手話でわかるビジネスマナー』ジアース教育新社　２０１６

共著

『新・手話辞典』手話コミュニケーション研究会 中央法規出版　１９９２
『新・手話辞典第2版』手話コミュニケーション研究会 中央法規出版　２００５

翻訳

Ｋ・Ｐ・メドウ『聴覚障害児の発達』中野義達訳編 湘南出版社　１９８６
第四章　聴覚障害児の社会的・心理的発達を担当

参加

―耳が聞こえないということ―

2016年６月17日　初版第１刷発行

著　　　平川　美穂子
発 行 者　加藤　勝博
発 行 所　株式会社 ジアース教育新社
〒101-0054　東京都千代田区神田錦町１-23 宗保第２ビル
TEL 03-5282-7183　FAX 03-5282-7892

表紙デザイン　株式会社 彩流工房
印刷・製本　　株式会社 創新社

○定価はカバーに表示してあります。
○乱丁・落丁はお取り替えいたします。

ISBN978-4-86371-365-9